Die großen Stars des deutschen Kinos

Adolf Heinzlmeier · Jürgen Menningen · Berndt Schulz

Die großen Stars des deutschen Kinos

BUSSE SEEWALD

Wir danken Dieter Erb für seine Mitarbeit und seine wertvollen und hintergründigen Hinweise zu den deutschen Stars.

DIE AUTOREN

Die Zitate auf Seite 9 sind folgenden Quellen entnommen: Rainer Werner Fassbinder aus Fischer/Hembus, »Der neue deutsche Film«, München 1981. Hans Albers und Dieter Borsche aus Christa Bandmann, »Es leuchten die Sterne«, München 1979. O. W. Fischer und Paula Wessely aus André Müller, »Entblößungen«, München 1979. Hildegard Knef aus »Der geschenkte Gaul«, Berlin 1975. Peter van Eyck zitiert nach einem Interview in Hollywood. Rudolf Kurtz zitiert nach Lotte H. Eisner, »Die dämonische Leinwand«, Frankfurt 1980. Die übrigen Zitate sind bekannte Filmschlager.

ISBN 3-512-00727-9

Sämtliche Fotos: Sammlung Menningen
Layout: Adolf Heinzlmeier
Schutzumschlag: Udo Becker, Frankfurt
Satz und Druck: Busse-Druck, Herford
Buchbinderei: Klemme, Bielefeld
Printed in Germany

Inhalt

Kino kommt aus dem Dunkel. Es ist Jahrmarkt und Drama, Kunst und Kitsch, Irrlicht und Feuer – und seine großen Gestalten sind die strahlenden Götter, Idole ihrer Zeit.

Wie Hollywood ohne seinen Starkult nicht denkbar wäre, ist auch der deutsche Film nicht ohne seine Leinwandlieblinge vorstellbar. Sie haben geliebt und gelitten, gekämpft, gelacht und geweint, die Albers und Dietrich, Jannings und Ziemann. Sie haben das Publikum in die Kinosäle gelockt, an diesen Ort der Träume und Sensationen, dort, wo Münchhausen und Metropolis zu sehen waren. Deshalb leben sie im Bewußtsein, in der Erinnerung der Kinogänger jeder Generation weiter, die Draufgänger und Liebhaber, Sexgöttinnen und Jungfrauen, Kraftkerle und verruchten Weiber: leuchtende Sterne am Kinohimmel.

Heute gibt es neue Stars, die neue Fans ins Kino locken. Und von den Stars von Gestern und Vorgestern bleibt ein Abglanz, die Sehnsucht, ihnen wiederzubegegnen.

Die Auswahl dieses Bildbandes legt das Schwergewicht auf jene Helden und Heroinnen, die zu Ruhm und Anerkennung allein durch das Kino kamen und nicht durch andere Medien, Theater, Operette oder Kabarett. Die dem Kino gaben, was des Kinos ist. Ausnahmen bestätigen die Regel. Überlebensgroße Künstler, Charakterdarsteller wie Gustav Gründgens oder Komiker wie Karl Valentin, die jeden Rahmen sprengen und aus dem deutschen Kino nicht wegzudenken sind, haben wir in unsere Auswahl aufgenommen.

Die Kurzbiographien und die kleine Filmauswahl im Anhang verstehen sich als Anregung, das Gedächtnis aufzufrischen, sich je nach Lust und Liebe noch einmal mit den großen Stars des deutschen Kinos zu beschäftigen.

Die Autoren — August 1985

»Sie sind professionell, und sie haben einen gewissen Glamour, auf den ich achte.«

RAINER WERNER FASSBINDER
über die Stars des klassischen deutschen Films

»Mehr als ein Mann war nötig, um mich zur Shanghai-Lili zu machen.«

MARLENE DIETRICH

»Hoppla – jetzt komm ich! Alle Türen auf, alle Fenster auf. Und die Straße frei für mich!«

HANS ALBERS

»Die schönste Zeit, das waren doch die fünfziger Jahre.«

DIETER BORSCHE

»Sag zum Abschied leise Servus.«

WILLI FORST

»Ich ertrug die Tyrannei der Theaterregisseure nicht . . . Deshalb ging ich zum Film.«

O. W. FISCHER

»Ich war ein Produkt meiner Manager.«

ZARAH LEANDER

»Bis ich soweit war, daß mein Gesicht aufgeht, das hat lange gedauert, und im Film kommt ja alles aus dem Gesicht.«

PAULA WESSELY

»Der Bühnen- und Verwandlungsschauspieler muß kein Filmschauspieler sein, und der Filmschauspieler kein Bühnenschauspieler, nur selten sind sie beides.«

HILDEGARD KNEF

»Nun sind wir beide übriggeblieben – du für die Kunst und ich für den Sex-Appeal.«

HANS ALBERS zu WERNER KRAUSS
anläßlich der Premiere von ›Vor Sonnenuntergang‹ 1956 in Berlin.
Albers erhielt einen ›Goldenen Bären‹ für die Rolle des alten Mannes,
die Krauss unter Reinhardt früher am Theater gespielt hatte.

»Der deutsche Film ist auf inhaltliche Dramatik, auf starke Charaktere, auf leidenschaftliche Vorgänge angelegt.«

RUDOLF KURTZ zitiert nach LOTTE H. EISNER

»Theater ist eine Frage der Kunst, Film eine Frage der Personality.«

PETER VAN EYCK

Paul Wegener

Er war nicht nur ein großer Sammler ostasiatischer Kunst und buddhistischer Plastiken, er sah selbst aus wie Buddha. Wie einer aus Ostpreußen allerdings, mit einem großflächigen Gesicht, das Ernst Barlach aus Holz hätte geschnitzt haben können. Schon mit seinem ersten Film *Der Student von Prag* (1913) verschaffte er dem deutschen Film Weltgeltung, und von da an verschwand der wuchtige, schwere Mann mit dem Golem-Schädel nicht mehr aus dem Bewußtsein der Kinogänger.

Paul Wegener, der auch die Märchen und Legenden für das Kino entdeckte, kam von der Bühne und ging auch immer wieder dorthin zurück. Aber der »geweihte Souverän des Theaters« (Arthur Eloesser) und intime Kenner der phantastischen Weltliteratur war doch fürs Kino geboren. Eine filmische Leidenschaft trieb ihn an, die ihn befähigte, zur Zeit des wildesten Kintopps den künstlerischen Film zu schaffen. »Zunächst muß sich unsereiner darüber klarwerden«, sagte er 1916, »daß man sowohl Theater wie Roman vergessen und aus dem Film für den Film schaffen muß.« Das machte er, der als Schauspieler, Regisseur, Autor und unerschöpflicher Anreger ein Pionier des deutschen und insbesondere des psychologisierenden und expressionistischen Stummfilms wie kein Zweiter war. Und wenn er als Tyrann, Dämon oder historischer Held auf die Leinwand trat, ein Naturereignis, gesteigert durch Psyche und Intelligenz, dann bekam der Film – selbst noch als fragwürdigster Propagandaauftrag – Gesicht, Leidenschaft und Stimme.

*

»Er phantasierte Nervenstränge, erotische Hemmungen und Minderwertigkeitskomplexe zu einem Muster zusammen, das auf ein von Grund auf verbrecherisches Individuum fast den Schein des Märtyrers warf. Er war Psychoanalytiker.«

Asta Nielsen

← Porträt

Asta Nielsen

Die Duse der Leinwand führte den Stummfilm aus dem flimmernden Dunkel des Kintopps ins Helle der Kunst. Sie war die erste, die den Weg vom Theater zum Film ging, eine Göttin der kinogerechten Gebärdensprache. Und eine Virtuosin der Großaufnahme, die alle feinen Ausdrucksmittel des Filmschauspiels gegen den Theaterpomp schärfte.

Sie spielte wie eine Frau unter Einfluß. Ihr Gesicht konnte sich in Sekundenschnelle bis zur Unkenntlichkeit verändern. Im Mittelalter hätte man ihr als Hexe den Prozeß gemacht. Das Antlitz zu einer Medusenmaske erstarrt, kreierte sie den Kult des Blickes, der alles schon gesehen hat und alles weiß. Diese brennenden Augen, der beredte Mund, ihre Blässe, die langen weißen Hände und ihr schlanker Körper – sie war so intensiv gegenwärtig, daß nicht jeder Zuschauer es ertrug. In einem spanischen Kino schoß ein Besucher in ihr Filmgesicht auf der Leinwand und brach ohnmächtig zusammen. Eine stärkere Wirkung hat Kinokunst nie gehabt. Asta Nielsen war ihre Muse.

Asta Nielsen in einem frühen Film →

← Porträt

Albert Bassermann

Der große Schauspieler meisterte auf der Bühne vom Hamlet bis zum Schmierenkomödianten in über sechshundert Rollen alles, was das Welttheater bietet. Er ragt als einer der Giganten der klassischen Schauspielkunst in die deutsche Filmgeschichte. Bassermann erkannte schon früh die visuellen Ausdrucksmöglichkeiten des neuen Mediums, er gilt als einer der Pioniere des Films. Bereits 1913 gab er in *Der Andere,* einer der frühesten Jekyll-Hyde-Versionen, sein Leinwanddebüt; mit seiner Ausdeutung einer Persönlichkeitsspaltung konnte er jedoch in diesem Max-Mack-Film die Berliner Theaterkritiker nicht zufriedenstellen. Um so höher ist es zu bewerten, daß er der »Siebten Muse« treu blieb.

»Der gewaltigste Menschendarsteller der deutschen Bühne« (Max Mack), ein Interpret von pointierter Gestaltungskraft, dessen Stil sich an den naturalistischen Ibsen-Dramen geformt hatte, überzeugte in seinen Filmrollen durch sein zurückgenommenes Spiel. Bassermann setzte seine Figuren kunstvoll aus einem Mosaik kleiner unauffälliger Gesten und Gebärden zusammen.

Nach dem Film *Ein gewisser Herr Gran* (1933) verließ Bassermann Deutschland und emigrierte 1939 über die Schweiz nach Amerika, wo er in Hollywoodfilmen u. a. von Hitchcock und Dieterle mitwirkte. Hauptrollen blieben ihm in der Traumfabrik aber versagt; er ließ sich auch nicht wie andere deutsche Schauspieler dort auf Nazichargen festlegen.

Sein filmisches Vermächtnis wurde die Gestalt des Bühnenbildners Ratow in *Die roten Schuhe* (1948), eine zutiefst humane Figur voller Weisheit, Skepsis und Enthusiasmus.

Albert Bassermann in *Mord* (1940) →

Wenn sich diese majestätische Erscheinung, gewandet im wilhelminischen Putz der Jahrhundertwende und mit ihrem dröhnenden Baß in den alltäglichen Kleinkram einmischte, dann blieb kein Auge trocken.

Eigentlich war die Sandrock als große Tragödin vom Theater gekommen. Aber als sie sah, daß ihr tragisches Pathos vom leichten Realismus des Kinos überholt worden war, trotzte die resolute Dame ihren Eigenarten die heitersten Seiten ab. Sie gab sich als weiblicher Feldwebel, egal, ob sie Köchinnen oder Königinnen, Matronen, Mütter oder Schwiegermütter spielte.

Aber auch wenn sie noch so unnahbar wirkte, ihre Befehle und Boshaftigkeiten wie Blitz und Bombe einschlugen – in ihrem Reptiliengesicht mit den ewig jungen Augen lebte die Güte. Denn sie schimpfte nicht darüber, *wie* jemand ein Mensch, sondern darüber, *daß* er ein Mensch ist. Also auch über sich selbst. Dieses Wissen um menschliche Unzulänglichkeiten prägte alle ihre Rollen. Deshalb nahm man ihr auch kein Gewittergrollen und auch nicht den Frau-Direktor-Ton übel. Denn noch als alter Hausdrachen, als despotische Gräfin und terroristische Tante war die großmütterliche Weisheit dieser Tyrannin mit Herz immer zu spüren.

← Adele Sandrock in *Die englische Heirat* (1934)

Die englische Heirat →

Kraftnaturen mit Kutschercharme und natürlicher Schnauze waren sein Fach. Und Herrscher, Pioniere, Forscher liebte er, historische Gestalten, in deren Maske er schlüpfte wie in ein zweites Gesicht. Man sah dann nicht mehr Heinrich VIII., sondern Emil VIII. Er kam von Naturalismus und Expressionismus her und konnte Figuren wie von Max Beckmann letztgültig gestalten. Raunzend gütig, verschmitzt brutal wie er auftrat, lag ihm auch der Franz Biberkopf. Allesamt große, aber einfache Männer, die hoch steigen und tief fallen.

Mit diesem Rüstzeug ging der volkstümliche Emil Jannings 1927 für 10000 Dollar Wochengage nach Hollywood. Er war der erste männliche deutsche Star, der in den nordamerikanischen Studios Fuß faßte. Man verlieh ihm 1928 die goldene Statuette der Akademie der Filmkunst, den späteren Oscar, und das gab ihm den weltweiten Ruf, ein Allroundstar der Leinwand zu sein.

Mit dem Tonfilm war der Auslandserfolg vorbei. Jannings' Englisch war vom Dialekt seiner deutsch-schweizerischen Heimat gefärbt. Er ging 1929 nach Deutschland zurück und sprach hier in seinen folgenden Filmen die Sprache eines geduckten Mannes, der mit Vorliebe an Frauen zugrunde geht. »Emil, du mußt leiden!« – das war die Devise seiner Imageingenieure fürs nächste Jahrzehnt. Und Jannings litt als verspießerter Gymnasiallehrer, als hemdsärmeliger Pantoffelheld mit Hosenträgern, als Triebtäter, Massenmensch, Rummelplatzartist, Gangster und Traumulus. Auch in Führerfiguren des »Dritten Reichs« erkannte er, der in Murnaus *Faust* (1925) einen dämonisch-kleinkarierten Mephisto großartig verkörpert hatte, sich nun wieder. Seine Unfähigkeit, unechte Töne zu produzieren, bewahrte ihn nicht davor, die NS-Propaganda auszuposaunen.

Nach Kriegsende entging er nur mit Mühe der Verhaftung. Ein Engagement bekam er nicht mehr. Verbittert zog sich der große Menschendarsteller mit seiner vierten Frau Gussy Holl an den Wolfgangsee zurück.

← Emil Jannings in *Der blaue Engel* (1930)

Den unheimlichen Dr. Caligari hatte er schon 1919 im expressionistischen Stummfilm gespielt. Seitdem war und blieb er ein Meister der Masken und Verwandlungen. Auch charakterlich war dieser komplexe Mann so facettenreich, daß ihn niemand wirklich kannte. Ob als chinesischer Puppenschnitzer, reichgewordener Schlächter der Inflationszeit, als fideler Bauer, Student von Prag, als Robespierre oder Napoleon der Hundert Tage – seine Kraft, sich in die Leinwandgestalten bis zu eigener Gestaltlosigkeit zu verkriechen, war phänomenal.

Diese »dämonische« Fähigkeit aus der Lust heraus »nicht ich zu sein« (wie er einmal sagte), mißbrauchte Werner Krauss, als er in Veit Harlans antisemitischem Hetzfilm *Jud Süß* (1940) die infame Titelrolle – und mehrere andere Rollen zugleich – übernahm. Nachdem der ehemalige Vizepräsident der »Reichstheater-Kammer« – nach drei Spruchkammerverfahren 1948 – als »Minderbelasteter« zu einer Geldstrafe von 5000 RM verurteilt wurde, war sein Stern gefallen. Sein einsamer Rang als Kino-Künstler galt nicht mehr.

*

»Er war in meinen Augen der größte Schauspieler aller Zeiten. Ein dämonisches Genie.« *Elisabeth Bergner*

Werner Krauss in *Schicksalswende,* ein Zusammenschnitt der Filme *Bismarck* (1940) und *Die Entlassung* (1942) →

↓ Mit Emil Jannings in *Der letzte Mann* (1924)

Henny Porten

Als »blonde Blinde« wurde sie in einer Zeit, in der die Darsteller noch anonym blieben, so bekannt, daß von da an der »Henny-Porten-Film« in aller Munde war. *Liebesglück einer Blinden* hieß der rührselige Stummfilmstreifen, man schrieb das Jahr 1911, und Henny Porten stieg zur ungekrönten Kinokönigin der 10er Jahre auf. Seitdem trat sie als ideale Germania auf die Leinwand, mal Walküre, mal verlassene Mutter, mal heroisch, mal zart. Nur eins spielte sie nie: die »Femme fatale«, dazu war sie zu charaktervoll, ihre blonde Anmut fand direkt und ohne Hinterlist den Mann.

In schnell produzierten Stummfilmen mit Herz und Schmerz kam ihr spröder Glamour auf den Punkt. Wenn sie weinte, weinte auch das Publikum. »Ein Ave Maria«, erinnerte sich Hubert von Meyerinck, »oder die Arie der Butterfly lösten bei ihr Tränenströme aus.« Sie weinte schnell, allerdings brauchte sie Musikbegleitung dazu. Als Pfarrers Töchterlein, Gretchen Wendland oder Gräfin Küchenfee – so hießen einige ihrer frühen Stummfilme – hielt sich Henny Porten treu und brav an die Normen, die über das deutsche Mädel kursierten. Erst in späteren Jahren, als sie auch derbe Landfrauen, Komödiantinnen oder elegante Damen mit Mittelklasseeinkommen spielen konnte, löste sie ihr Gartenlaubenimage zugunsten einer gebildeten, menschlich-warmen und realitätsbezogenen Darstellung auf.

← Henny Porten in *Ruf der Liebe* (1916)

↓ *Edelsteine* (1918); rechts: *Die Claudi vom Geiserhof* (1917)

Hohlwangig, mit hoher Stirn und brennenden Augen trat er ins Bild als Dämon des deutschen Stummfilms. So tauchte er als somnambuler Cesare aus dem Sarg des *Dr. Caligari* auf, eine morbide Gestalt aus dem Schattenreich des Todes. Besonders F. W. Murnau setzte Veidt mit Vorliebe ein, ließ ihn den Teufel spielen oder ein verbrecherisches Doppelleben in *Der Januskopf* (1920) als Jekyll und Hyde führen. Mit knochigen Fingern und blassem Antlitz erweckte er lasterhafte Gestalten zu exzentrischem Leben, mal schlangengleich tänzelnd, dann wieder mit abgezirkelten eckigen Bewegungen.

Seine Karriere begann als lüstern-trauriger Voyeur in *Tagebuch einer Verlorenen* (1918), und sie führte ihn in kurzer Zeit in schwindelerregende Höhen im Szenarium des expressionistischen Films. Veidt wurde zum Synonym für die Mächte der Finsternis, er war der pathologische Täter par excellence. Er verkörperte homosexuelle Geiger, Besessene, Fremdlinge, Inder, Asiaten oder höllischen Mächten verfallene geniale Künstler. Dieses Rollenfach erweiterte er im Kostümfilm um Figuren wie Rasputin, Cesare Borgia oder Iwan den Schrecklichen. Veidt: »Ich liebe es, solche Charaktere zu spielen, weil in ihnen von vornherein der dramatische Konflikt beschlossen ist ... (und) weil ich den Zipfel Menschentum zeigen will, der im bösesten Bösewicht verborgen liegt.« Schließlich löste der Star in den Jahren der Inflationszeit in den Metropolen eine Mode aus, wurde es en vogue, sich blaß und morbid zu geben wie Conrad Veidt.

Bereits ab 1927 bereicherte er als einer der ersten deutschen Stars Hollywood. Während des Dritten Reichs emigrierte Veidt endgültig nach Amerika und begegnete uns schließlich als eiskalter Satan in Naziuniform in *Casablanca* (1942) wieder.

Conrad Veidt in *Die Reise um die Welt in 80 Tagen* (1919) →

← Porträt

Pola Negri

Sie hatte im Stummfilm als Ur-Vamp des Kinos Berühmtheit erlangt. Ihre Verführerinnen waren ebenso wildwüchsig wie frisch und ungekünstelt gewesen. Als Tänzerin der Leinwand geriet ihr wildes Blut besonders in Wallung; im geschmeidigen Tanz riß sie ihre Bewunderer hin. In den zwanziger Jahren galt sie als die Kinoflamme, die in allen verbotenen Paradiesen brennt.

Ihre Legende mehrte sich, nachdem sie 1923 aus undurchsichtigen Gründen nach Hollywood geflohen war. Gewiß, der Regisseur Ernst Lubitsch führte sie im künstlerischen Handgepäck mit. Aber waren da nicht diese dunklen Familienverhältnisse mit polnischer Rebellion und russischer Verbannung? Und gab es da nicht jene Grafenheirat mit dem Edelmann Dombski? Und jenen zweiten Ehemann, den georgischen Prinzen Serge Mdivani, eine Skandalfigur besonderen Ranges? Und schließlich die Affäre mit dem Massenidol Rudolf Valentino, an dessen Sarg sie 1926 öffentlich zusammenbrach?

Als sicher galt nur, daß Pola Negri Zigeunerblut in den Adern hatte, und das spürte man noch, wenn ihre Leinwandfiguren in Samt und Seide auftraten. So blieb sie, die eine Aura von künstlerischer Kreativität und Blaublütigkeit, von Verruchtheit und herrlicher Unbekümmertheit besaß, mit ihrem Leben, das einem Drehbuch glich, der Mittelpunkt des Interesses und der Spekulation.

Erst als sie 1935 nach Deutschland zurückkehrte, erkannte man auch ihre schauspielerischen Fähigkeiten. Und jetzt war auch ihre wundervolle, tiefe Stimme zu hören, mit der sie ihre Liebeserklärungen und Geständnisse sprach.

Pola Negri in *Hotel Imperial* (1927) →

Er war mehr als ein Komiker, er stand für eine Philosophie. In ihm kam das Absurde in seiner bajuwarischen Ausprägung zum Vorschein. »Unerbitterlich« ging er den Wörtern, der Metaphorik der Alltagssprache auf den Grund, um sich in ihren Widersprüchen heillos zu verheddern. Seine Wortspiele waren vertrackt: »Wollen täten wir schon, aber dürfen haben wir uns nicht getraut.«

Tucholsky nannte ihn einen »Linksdenker«, für Brecht war er ein »komplizierter blutiger Witz«; Valentin selbst sah sich schlicht als Volkssänger. Er war ein »spinnerter Teufel« (Liesl Karlstadt), einer, der ständig in die Falle tappte, die er sich selbst stellte, der immer wieder unterlag im Kampf mit der Tücke des Objekts. Wem sonst konnte es passieren, daß er als Katholik an einem fleischlosen Freitag einen Wurm verschluckte?

Man hat ihn unter die Anarchisten und Dadaisten einzureihen versucht, aber der Mann mit der spitzen Nase und dem zerfurchten Gesicht entzieht sich jeder Etikettierung. Auf ihn trifft keine noch so schöne Formel zu. Er war ein Misanthrop, eigensinnig und versponnen, ein Unikum und Unikat. Seine »zaundürre Gestalt mit den staksigen Don-Quichotte-Beinen« (Tucholsky) wird heute von den Filmfreunden verehrt. Valentin schuf ähnlich wie Chaplin mit seinen cineastischen Miniaturen eine einmalige Kunstfigur.

Dem Clown im Biedermannskostüm, der nichts weiter wollte, als die kleinen Leute aus der Vorstadt mit seinen Späßen zu unterhalten, passierte das Mißgeschick, daß er gerade dieses sein Publikum verschreckte, indem er es erbarmungslos bloßstellte. So wurde der Ritter von der traurigen Gestalt mit seinen Wortklaubereien schließlich eine Art Kultfigur der Intellektuellen.

Ewig junger Valentin →

APOLLO.
Theater
Valentin

Marlene Dietrich

Sie bestand nicht nur aus Beinen. Aber nachdem ihr diese im Alter mit zwei Millionen Dollar versicherten Schaustücke auf der Bühne die Dienste versagten – das war zuletzt 1975 auf einer Australien-Tour –, trat sie endgültig ab. Seitdem lebt Lola-Lola mit der wehmütig-brüchigen Stimme, dem verschleiert-herausfordernden Blick, den lässig-frivolen Bewegungen und dem verwischten Dauerlächeln um Mund und Augen allein in der Avenue Montaigne Nr. 12 in Paris. »Zu Tode fotografiert«, wie sie Maximilian Schell gegenüber resigniert befand. Eine Jahrhundertgestalt, die sich selbst ins Altersdunkel abblendet.

Als Kameras und Scheinwerfer sie noch gierig erfaßten, in der Kinowelt des schönen Scheins der 30er und 40er Jahre, träumte sie selbst diesen verführerischen und trivialen Kinotraum mit, unberührbare Sexgöttin und Sünderin von der Stange zugleich zu sein. Sie war immer mehr als die Garbo, nämlich greifbar, und immer mehr als die ordinären Busenstars, nämlich die Verheißung des Ewig-Weiblichen. Und daß sie stets unterhalb der Oscar-Würde agierte, freute nicht zuletzt die Jungs im Hinterzimmer, deren Wünsche sie in *Destry Rides Again / Der große Bluff* (1939) besang: »See what the boys in the backroom will have.«

Ihr Ruf eines erotischen Leuchtfeuers (»Männer umschwirr'n mich wie Motten das Licht ...«) war natürlich Kinolegende. Marlene hatte zwar vielbeklatschte Affären mit »Napoleon« John Wayne, Ernest Hemingway und Jean Gabin, aber zumindest bis 1930 war sie ein braves Bürgermädchen von preußischem Zuschnitt, deren Karrierewunsch, eine berühmte Geigerin zu werden, nur eine Sehnenscheidenentzündung am Arm verhindern konnte.

Um so aufregender, wie sich diese »faszinierende Frau und Persönlichkeit, wenn Sie ihr privat begegnen« (Sergej Eisenstein), erst in den *Blauen Engel* und dann in ein amerikanisiertes Leinwand-Luxusgeschöpf verwandelte, das manchmal allerdings Gefahr lief, als verschmückte Diva in Dekors und Kleiderdekorationen verlorenzugehen.

Aber zum Glück tauchte sie immer wieder rechtzeitig in Varietés und im Tingeltangel auf, lehnte sich träge gegen Türfassungen und Theken, tuschte ihr Make-up selbst nach, sang ihre herrlichen Songs mit verschleppter Männerstimme und steckte sich die Zigarettenspitzen vielversprechend zwischen die Lippen: »Mehr als ein Mann war nötig, um mich zur Shanghai-Lili zu machen.«

Mehr als eine Generation war im Kino mit dabei, Marlene.

← Marlene Dietrich in *Song of Songs* (1933)

Marlene Dietrich mit Clark Gable in *Die Abenteuerin* (1940) →

↓ Marlene Dietrich in *Blonde Venus* (1932)

Hans Albers

Siebzehn volle Jahre lang ging er mit schwerem Schritt und einer Blume im Frackknopfloch als Gauner, Verführer, Schieber und fragwürdiger Gentleman über die Stummfilmleinwand. Selbst in seinem ersten Tonfilm war er, so sah er es selbst, »noch immer der zynische, leichtsinnige Hund.« Auch auf die Theaterbühne trat er als zwielichtiger Mackie Messer. Aber bei der Premiere von Molnars »Liliom«, seiner schauspielerischen Glanzrolle, saß im Parkett Charlie Chaplin und applaudierte ihm begeistert. Und später, als aus dem bösen Brunnenvergifter ein wenn auch draufgängerischer, so doch kreuzbraver Allerweltskerl geworden war, der als toller Bomberg Sieger in allen Lebenslagen blieb, feierte ihn das Kino als Verkörperung des »Hoppla, jetzt komm ich!«

Im »Dritten Reich« erhielt er sich den Ruf politischer Lauterkeit. Zwar schlüpfte der blonde, stahlblauäugige Recke gern in die Figuren der volkstümlichen Führer und sprang auch mal für nationale Interessen auf fahrende Schnellzüge. Aber weil seine Lebensgefährtin Hansi Burg Jüdin war und in London leben mußte, spielte Hans Albers bei den Propagandaopern der Machthaber nicht mit, griff lieber zum Schifferklavier und besang mit ungekünstelter Stimme seine Verwurzelung mit der norddeutschen Hafenheimat. Dorthin gehörte der Volksschauspieler, der seinen Aufstieg aus dem Kleine-Leute-Milieu in Hamburg-St. Georg selbst als modernes Märchen gesehen hatte. Und als singender Seemann der Leinwand, der die besonnenen Käpt'n-bay-bay-Untertöne von Wehmut und Fernweh unvergleichlich mit dem strahlenden Ritt Münchhausens auf der Kanonenkugel verbinden konnte, war er ohnehin am besten.

*

»Ich gehöre dem Film – seit seiner und meiner frühesten Jugend.«

Hans Albers

Hans Albers mit Annabella in *Varieté* (1935) →

← Porträt

Olga Tschechowa

Sie war die Aristokratin des deutschen Films – dunkelhaarig und parfümiert, mit kühnem Augenaufschlag und eisgekühltem Lächeln bestritt sie ihre Konversation. Ihre slawische Erscheinung war in eine Aura von Extravaganz gehüllt, der ein Mann nur schwer widerstehen konnte. Dabei setzte ihr betont russischer Akzent das berühmte Tüpfelchen aufs i. Etwas Behendes, Leichtes, Kätzisches ging von ihr aus – aber immer in der Art einer Rassekatze.

Immer schien sie von einer Riege gutgekleideter Herren umringt, war sie Mittelpunkt und Fixpunkt der Szene. Sie traf dabei ihre Wahl mit Diplomatie und wie nebenbei – einen unerwünschten Galan weiß sie allein durch die Magie ihres Blickes auf Distanz zu halten.

Ihre Biographie klingt wie ein Kitsch- und Gesellschaftsroman aus dem 19. Jahrhundert: Als Tochter eines zaristischen Ministers studiert sie Medizin und Bildhauerei, wird bei Stanislawskij in St. Petersburg ausgebildet, spielt in Moskau Theater, heiratet mit sechzehn Cousin Michael Tschechow, den Neffen des Dichters, flieht 1921 nach Deutschland, wo sie von Murnau für den Stummfilm entdeckt wird.

So stehen ihre Lebensgeschichte und ihr Lebenstil für ihre filmischen Ausdrucksmittel. Alles bleibt glitzernder Oberflächenglanz. Stets von Prominenz umringt, spielt sie Agentinnen und Tschekabräute ebenso souverän wie Kaiserinnen und Luxusweiber. Einst als »Inkarnation der schönen Helena« von der Kritik gefeiert, verwandelt sie sich zum Happy-End hin in »Das Wunder«, weil sie dank ihrer eigenen Schönheitsmittel nie zu altern schien.

← Porträt

Rudolf Forster

Er besaß die gut geschnittenen Züge des eleganten Kavaliers und die gerade Haltung eines Gentleman. Hochgewachsen, von stattlicher Statur, war er der Aristokrat des deutschen Films, ein »Nervenschauspieler«, dem dekadente Figuren wie auf den Leib geschrieben schienen.

Bei Forster ließ sich nicht übersehen, daß er vom Theater kam: Bereits im Stummfilm spielte er den Alwa in Wedekinds *Erdgeist* (1923), danach bleibt seine markante und subtile Darstellung des Verbrecherkönigs Mackie Messer in G. W. Pabsts *Dreigroschenoper* (1932) in Erinnerung. Tragisch umwitterte Liebhaber waren sein Fach, er glänzte zweimal als Partner der jugendlich verspielten Elisabeth Bergner.

Forster beherrschte die Kunst der großen Auftritte ebenso wie die kleinen Gesten und feinen Zwischentöne in der Gestaltung seiner Rollen. Er war ein Mann von überlegener Distanz. Selbstironisch schrieb er seinen Erfolg drei Requisiten zu: »Frack, Schnurrbart und meinem seidenen Abendschal.« Der Grandseigneur bereicherte bis ins hohe Alter das Theater und wirkte als Star der Ufa, Defa und des österreichischen Films; strenge Patriarchen und Haustyrannen lagen ihm besonders. 1961 überraschte er in *Das Riesenrad* als Vater von O. W. Fischer.

Überwogen in seinen frühen Filmen ernste dramatische Rollen, so bevorzugte er später das heitere Fach. Forster rückblikkend: »Ich spielte damals die feinen Pinkel im Film. Die Schwergewichte *Ariane* und *Dreigroschenoper* lagen bereits hinter mir.«

← Porträt

Im Volksmund hieß sie »die Bergner« – als legendäre Theaterdiva im Berlin der wilden zwanziger Jahre feierte man sie enthusiastisch, wurde sie zum Mythos. Ein Film mit dem Titel *Der träumende Mund* charakterisierte ihren Typ.

Sie war die Kindfrau des deutschen Films jener Tage, aber unendlich beseelt – zerbrechlich, launisch, ätherisch, koboldhaft keß: ein »Vamp mit Geist-Appeal« (Alfred Polgar). Überspannte Frauen spielte sie in ihrer quirligen Art am überzeugendsten oder problematische Wesen, die vom Unglück angezogen wurden wie der Selbstmörder von der Brücke. Ihr erster Film hieß *Nju* (1924), die Bergner war darin eine verzweifelte Ehebrecherin, hin- und hergerissen zwischen Emil Jannings und Conrad Veidt.

Faszinierend an ihr waren die großen Augen in Verbindung mit der Jungmädchenstimme; sie selbst führte ihre Wirkung auf »Instinkt« zurück. Dazu steht sie auch heute noch.

In den siebziger Jahren feierte die Bergner, die seit 1932 in England lebt, ein überraschendes filmisches Comeback in der Bundesrepublik mit der zeitkritischen Komödie *Herbstausflug*. Im Duett mit O. E. Hasse gestaltete sie das zarte Geflecht einer Liebesgeschichte zwischen zwei alten Menschen.

Elisabeth Bergner in *Katharina die Große* (1934) →

↓ Mit Rudolf Forster in *Der träumende Mund* (1932)

Heinrich George

Der Kerl wie ein Baum liebte nicht die feinen Verästelungen der Seele und den gestutzten Stil. Eher war er ein Typ für Kutscherkneipen, in denen man eine Berliner Molle zischen konnte. So stampfte dieser Koloß mit der dröhnenden Stimme, die Gehorsam verlangte, durch seine großen Rollen. Auch wenn sein Gesicht rot anlief und sich Zorneswolken auf seiner mächtigen Stirn bildeten, ahnte man noch den weichen Kern dieses vierschrötigen Urphänomens. Seine vitalen Gefühle mußten einfach durch ihn durch und aus ihm raus. Er verschmolz ganz mit seinen Rollen, spielte nicht, sondern *war*, in kontrollierter Trance: der Franz Biberkopf, Stjenka Rasin oder Götz von Berlichingen.

Seine von Darstellung und Verkörperung besessene Haltung, seine Gier nach Verwandlung, die eigentlich unpolitisch war, führte ihn im »Dritten Reich« in die Fänge der Nazis. George, in der Weimarer Republik der KPD nahestehend, »machte mit den Nazis Partei und wurde dafür von ihnen in alle fragwürdigen Ehrungen erhoben, die er ersehnte« (Friedrich Luft). Denn er war auch vom Ruhm berauscht, der volkstümliche Mann wollte auch im realen Leben die Anerkennung und die Macht, die er auf der Kinoleinwand so oft besaß. Im Film war er ein unvergleichlicher Menschendarsteller. Aber indem er sich einem unmenschlichen System unterwarf, zerstörte er seine Talente und seinen Namen.

← Heinrich George in *Der Postmeister* → (1940)

Heinrich George in *Hochzeit auf Bärenhof* (1941)

Sie war eine blendende Erscheinung mit schmalem Kopf und aristokratischen Zügen. Ihre entrückte Schönheit verlieh ihr ein geheimnisvolles fremdes Flair. Robert Wiene entdeckte sie für die Avantgarde des Stummfilms, in Fritz Langs *Der müde Tod* übernahm sie vier Rollen gleichzeitig: das deutsche Mädchen der Rahmenhandlung, eine arabische Prinzessin, eine Venezianerin und eine Chinesin. Das umreißt die Dimension ihrer exotischen Wandlungsfähigkeit. Halb Dame, halb Vamp, wirkte sie als »Medium«, Irre und Kokotte zugleich. Mitte der zwanziger Jahre begann ihre glanzvolle Zeit, reihte sich ein Erfolg an den anderen, entdeckte sogar der französische Film ihre mondänen Posen. Bei den Salzburger Festspielen war sie sechs Jahre lang als »Schönheit« dabei.

Den Übergang zum Tonfilm schaffte Lil Dagover mühelos und damit den Sprung in die bürgerliche Gesellschaft. Endlich durfte sie Gefühl zeigen, edle Seelenregungen und Glücksausbrüche einer sich erfüllenden Liebe wie in Siercks *Schlußakkord*. Ihre Stimme war jetzt weich und zärtlich, ihre Frisuren exquisit. Bizarre Hütchen und elegante Kleider standen ihr. Als überlegene Frau und Dame der Gesellschaft, die auch mal verzichten kann, behauptete sie im Film der dreißiger Jahre gegen die jüngere Konkurrenz majestätisch ihren Platz, schmuckbehangen und in feinste Seidenblusen gehüllt. Sie hatte nun den Avantgardefilm mit Komödie und Melodram vertauscht, schließlich wandte sie sich sogar dem Charakterfach zu.

Der Nachkriegsfilm hatte nur noch in Heimatschnulzen wie *Schloß Hubertus* für sie Verwendung. So zog sich Lil Dagover vom Film zurück, bis sie nach einer langen Pause von Maximilian Schell »wiederentdeckt« wurde.

← Lil Dagover und Heinrich George in *Friedrich Schiller* (1940)

Porträt →

Mit seinem Lächeln und Augenzwinkern verkörperte er die Wunschträume ganzer Frauengenerationen. Hunderte von Heiratsanträgen erhielt dieser Sonnyboy des stummen Kintopps jede Woche – und dafür brauchte er nichts weiter zu tun als zu schmollen oder zu lachen. Im Tonfilm ließ sich die inzwischen gereifte Männlichkeit des ehemaligen Bettelstudenten, Millionendiebs und lustigen Witwers nicht mehr auf jugendlich-charmant synchronisieren. »Das schweigende Bild«, so sah es der Regisseur Ludwig Berger, »hatte Harrys Charme verdoppelt und seiner Erotik das Geheimnis beigefügt, das verflog, sobald die Stimme hörbar wurde.«

Aber eine ganze Stummfilmepoche hindurch ist er der höchstdotierte, meistbeschäftigte und reichste Star des europäischen Kinos gewesen. Und zehn Jahre lang, zwischen 1920 und 1930, gab es im deutschen Film trotz starker Nebenbuhler keinen Liebhaber wie den eleganten Harry: ein großer Junge, frecher Draufgänger und herzhafter Mann, der jedes Einverständnis erzielen konnte, wenn er nur die Augen blitzen ließ.

← Harry Liedtke mit Lilian Harvey

Porträt →

Seine wettergegerbten Züge leuchten wie in Fels gehauen, wenn der Berg ruft. Ungeschminkt und dynamisch tritt er uns gegenüber, der Mann aus Südtirol, der als König der Alpen Filmgeschichte machte, indem er unermüdlich kraxelte und Gipfel erstürmte. Schauspielkunst zeichnete ihn allerdings weniger aus, wenn sein Gesicht je nach Bedarf finstere Entschlossenheit oder naive Lebensfreude ausdrücken sollte. Seine Qualitäten liegen woanders – Trenker ist ein Genie der Selbstdarstellung, in ihm verbindet sich der rauhe Naturbursche mit dem sendungsbewußten Patrioten zu einer Figur von archaischer Größe.

Er begann in den zwanziger Jahren als Darsteller bei Arnold Fanck, dem Begründer des Bergfilms. Seine Partnerin hieß Leni Riefenstahl, sein Ziel war der Gipfel, seine Liebe galt der Heimat. Um dieses Programm, mit einer Portion Patriotismus garniert, kompromißlos umsetzen zu können, drängte Trenker schnell zur Regie. 1931 verarbeitete er seine Weltkriegserlebnisse in dem ersten eigenen Film *Berge in Flammen,* und von nun an stand er als Drehbuchautor, Regisseur und Hauptdarsteller im Mittelpunkt aller Trenker-Filme.

Sein Andreas-Hofer-Opus *Der Rebell* (1932), das den Freiheitskampf der Tiroler gegen die napoleonischen Truppen schildert, hielt John Ford für ein Meisterwerk. Andere sahen den Heroismus, die Symbolsprache der rauchenden Fackeln und mythisch überhöhten Berge als richtungweisend für die Ästhetik des Nazifilms an. Nach seinem Film *Feuerteufel* (1940) erhielt er Arbeitsverbot als Regisseur, er trat nur noch einmal als Schauspieler auf (in *Germanin*, 1943). Während des Krieges realisierte er im Auftrag des Vatikans den Streifen *Pastor Angelicus.*

Heute ragt der James Bond der Berge, wie man ihn genannt hat, jenseits aller Querelen und politischen Verdächtigungen wie ein Monument aus einer anderen Zeit in unsere Gegenwart, um ungebrochen seine Botschaft von Glaube, Natur, Heimat zu verkünden.

Porträt →

Harry Piel

Schon in seiner Jugend war Harry Piel von zu Hause ausgerissen, dorthin, »wo was los war«. Und mit seinen Stummfilmen abenteuerte er sich so sehr in die Herzen nicht nur der jugendlichen Zuschauer – denen er allerdings Ausbruchsphantasien besonders erfolgreich vorlebte –, daß eine Heftserie in den dreißiger Jahren seine Heldentaten nacherzählte: »Harry Piel, der tollkühne Detektiv.«

Da dieser Held nicht nur der erste männliche deutsche Filmstar und Pionier-Regisseur, sondern auch eine Kinonatur ersten Ranges war, kamen seine Filme ohne komplizierte seelische Konflikte aus. Dafür gab es um so mehr Gags und Sensationstricks. Und oft spielte er Doppelrollen. Denn für alle Gefahren, die auf ihn lauerten, reichte ein einziger Harry Piel gar nicht aus.

In einer Welt der Hindernisse, Fallen und Gefahren kam dieser Draufgänger zurecht. Seine Zigaretten, die in überlangen Spitzen steckten, gingen auch beim Anblick wildester Bestien nicht aus. Er war ein Mann ohne Nerven. Mit dem Auto über zusammenstürzende Brücken; in schwindelnder Höhe im brennenden Zeppelin; in einer verschlossenen Taucherglocke auf dem Meeresgrund – das waren seine Spezialitäten. Er sprang aus dem fahrenden Nachtexpress, durch Glasdächer, durch Treppenhausschächte – und während des Falls befreite er sich noch von Fesseln, die ihn umschlangen. Er war immer *Schneller, als der Tod*, wie ein Erfolgsfilm von 1925 hieß.

Aber am Ende seiner Filmlaufbahn zierten genau 106 Narben von Knochenbrüchen, Hieb- und Stichverletzungen und Bißwunden den Körper dieses kinobesessenen Mannes. Zwar war er ein Meister von Raubtierdressuren und konnte Tiger allein mit Blicken bändigen. Aber da er der ungezähmten Natur als waghalsigster aller Akrobaten entgegentrat, konnten Verletzungen nicht ausbleiben. Auch so gesehen kam er in die Nähe seines Vorbildes Douglas Fairbanks, dessen romantischen Zug er allerdings durch charmante Scharlatanerie ersetzte.

Für die Rolle des Liebhabers blieb Harry Piel – obwohl er unnachahmlich sein schwarzes Abendcape mit dem weißen Seidenfutter zurückschlagen und eine Augenbraue hochziehen konnte – keine Zeit. Die blonden Leinwand-Frauen an seiner Seite waren Kameradinnen und Helferinnen. Und war doch einmal ein Mädel das Ziel seiner Anstrengungen, so galt es nur, sie aus den Klauen des grauenvollen Mister X in die Hände ihres Zukünftigen zurückzulegen.

← Harry Piel in *Sein größter Bluff* (1927)

Sie war immer der selbstverständliche Mittelpunkt ihrer Filme. Aber wo andere weibliche Stars der Stummfilmzeit mit schwülen Blicken und trägen Bewegungen ihres Körpers Aufmerksamkeit auf sich lenkten, klimperte Anny vergnügt mit den Augen und quirlte wie ein Clown und Kobold durch die Szene.

Man mußte diesen neckischen Wirbelwind einfach lieben, und Max Schmeling liebte sie besonders. Beide heirateten 1933 und schlugen als Paar alle Popularitätsrekorde. Und daß der Boxer und der Backfisch noch heute, in Hollenstedt bei Hamburg, zusammenleben, beweist, daß sie sich damals nicht wegen des Scheinwerferlichts ineinander verguckten. Sicherlich liebten sie sich auch nicht wegen ihrer vergleichbar gekonnten Beinarbeit, mit der Schmeling den Gegner und Anny Ondra die gehobenen Gesellschaftskreise umtänzelte. Aber schnell waren beide.

Und Anny, die den Rummelplatz in die Salons mitbrachte, konnte ihr Tempo und ihre Pfiffigkeit auch noch im Tonfilm behaupten. Ihre hübschen, oft zur Schau gestellten Beine und der süße, freche Schmollmund: das waren dabei die schärfsten Waffen, mit denen dieses Früchtchen Männer und Moneten mühelos einkassierte. Daß sie, wie ihr großer Bruder Charlie Chaplin, List und Tücke gebrauchte, um den Großen die Butter vom Brot zu stehlen, verzieh man diesem quicklebendigen, singenden und tanzenden Puck immer.

Anny Ondra in *Das verliebte Hotel* (1933) →

Als Verführungskünstler und »eleganter Windhund« (Lotte Eisner) war er zu Hause in der Welt der kleinen Lieder und der großen Lieben. Ein charmesprühender Bonvivant mit glattem Gesicht und Champagnerlächeln, der sich durch seine Filme sang und pfiff: »Du hast Glück bei den Frauen« hieß seine Erkennungsmelodie.

Sein Kostüm: weißer Schal, dunkler Mantel, den Zylinder schräg auf dem Kopf, so tänzelte er durch seine Salonabenteuer, beschwor er noch einmal die illustre Epoche des Fin de siècle, der Diseusen und Literatencafés. Leise und melancholisch, geistreich oder auch dämonisch verkörperte er als Mann von Welt eine versunkene Zeit, die Wiener Operettenseligkeit, ohne dabei je süßlich oder sentimental zu werden. Dazu besaß er einen zu guten Geschmack.

Willi Forst, der vom Singspiel kam, hatte als Darsteller und Regisseur seine Erfolge im Film der dreißiger und vierziger Jahre. Seine erste Rolle übernahm er in dem Stummfilm *O du lieber Augustin* (1923), vom großen Publikum gefeiert wurde er dann als *Bel ami* (1939). Schon 1927 stand er mit der noch unbekannten Marlene Dietrich vor der Kamera, als Regisseur machte er Paula Wessely und Margot Hielscher bekannt, holte er Pola Negri aus Amerika zurück. Sein Vorbild war Lubitsch. Forst hatte zahlreiche Nachahmer, doch er blieb unerreicht.

Hildegard Knef verdankte ihm ihre zweite Karriere, als Forst sie in dem »Skandalfilm« *Die Sünderin* herausstellte. Doch nach dem Zweiten Weltkrieg entsprach Willi Forsts Stil nicht mehr dem Klima der Zeit. Mit *Ein Mann vergißt die Liebe* (1955) zog er sich endgültig vom Film zurück, denn er fand es »besser zu gehen, als gegangen zu werden«.

← Mit Paula Wessely in *So endete eine Liebe* (1934)

Porträt →

Mit ihr kreierte die Ufa das »süßeste Mädel der Welt«. Und da sie tanzen, singen und springen konnte, war sie wie ein aufgezogenes Trickfilmgeschöpf unterwegs, um ihre Fröhlichkeit an den Mann ihrer Träume zu bringen. Selbst ein blonder Traum des heiteren Kinos in Krisenzeiten.

Glamourös war sie nicht, eher hausbacken. Aber gerade das machte sie zur Kameradin jedes männlichen deutschen Kinogängers in den 30er und 40er Jahren, auch, oder gerade wenn sie an der Seite des Herzensbrechers Willy Fritsch auftrat. Denn der verstärkte den patenten Zug dieses kleinen Mädchens mit den großen Träumen von Glück und Erfolg. An seinem Arm kamen die Tanzbeine dieser *Kleinen vom Bummel* (einer ihrer ersten Filme, 1925) immer in der gemeinsamen Küche zum Stillstand.

Lilian Harveys Filme waren international. Die Engländerin aus London machte in einer Zeit, die die Stimmensynchronisation noch nicht kannte, fremdsprachliche Fassungen für den Auslandsmarkt. Sie wurde mit deutschen Tonfilmoperetten ein europäischer Star und war schließlich so populär, daß die Berliner Unterwelt, als einmal bei ihr eingebrochen wurde, in eigener Regie die Täter aburteilte. Die schweren Jungs liebten das leichte Unterhaltungskino und seinen ewig süßen erwachsenen Kinderstar.

← Lilian Harvey mit Willi Fritsch

Porträt →

Sein erster Film, *Seine Frau die Unbekannte* (1923), sollte ein Problemfilm werden. Aber als der Produzent das sonnige Lächeln seines neuen Stars sah, machte er eine Komödie daraus. Dieses Fritsch-Lächeln wurde sprichwörtlich und blieb das große Kapital des Film-Liebhabers, mit dem er 40 Jahre lang wucherte.

Schon als Beau des Stummfilms und frühen Tonfilms hatte der flotte Willy auf federnden Knien gestanden, den Oberkörper vorgebeugt, das Gesicht gereckt, die Arme in die Hüften gestemmt, den Mund zum Pfeifen oder Küssen gespitzt. Auch die Zigarette zwischen seinen Zähnen verstärkte seinen unverschämten Charme. Und wenn er die Hemdsärmel hochkrempelte und sich mit rudernden Bewegungen der angewinkelten Ellenbogen in Bewegung setzte, dann war diese sorgenfreie Figur mit dem flachen Gesicht, der Kinnkerbe und den schmalen Lippen der Freund aller Frauen. Seine Botschaft hieß: »Liebling, mein Herz läßt dich grüßen«, seine Annäherungen gingen singend, tanzend, steppend und klavierspielend vor sich – er war an allen Fronten des Frohsinns und der Liebe zu Hause. Besondere Mühe gab sich der nette Angeber mit Lilian Harvey. Seit 1928 umgarnte er dieses Glückskind in zehn gemeinsamen Filmen, meist spritzige Ufa-Filmoperetten, die das Paar zum klassischen Duo des deutschen Kinos machten.

Noch als angegrauter Held, der seinen Sohn Thomas in seinem letzten Film *Das hab ich von Papa gelernt* (1964) vorstellte, öffnete Willy Fritsch sein jugendliches Herz. Der immerjunge, immerschöne Mann war nicht altzukriegen. Das machte: Er lachte oft, war aber niemals lächerlich. Er spielte immer ernstzunehmende Leichtgewichte des Lebens. Ein Held des Happy-Ends.

Porträt →

Brigitte Helm

Ihr Ruf als männermordender Vamp des Kinos drang nach *Alraune* (als Stummfilm 1928, als Tonfilm 1930) bis über die Grenzen Deutschlands. Ihre somnambule Figur der künstlich befruchteten Tochter eines gehenkten Kriminellen und einer Hure legte sie schnell auf laszive Verführerinnen, maskenstarre Luxuswesen von hohler Hübschheit, herzlose Herrinnen mit geheimnisvollen Reizen und Hexen von äußerlicher Sinnesglut und innerer Eiseskälte fest. Aber sie war mehr.

Fritz Lang hatte ihr für die Doppelrolle der Maria in *Metropolis* (1927), ihrem Sprung in den Filmruhm, die Darstellungskraft eines weiblichen »Faust« abverlangt. Und komplizierte Charaktere, um ihre Existenz kämpfende moderne Mädchen, verbitterte Mittelstandsfrauen in der Männergesellschaft, hochgebildete Damen der Gesellschaft und tragisch Liebende gelangen ihr »spielend«. Blond wie sie war, schlank und rank, schmeichelte sie dem Kinoauge. Sie bewegte sich ungezwungen, ihre Gesten und Gänge über die Leinwand ließen die Handlung der Filme vergessen.

So schnell wie ihre Karriere begonnen hatte, endete sie auch zehn Jahre später. Nach einem Autounfall, bei dem sie den Tod einer alten Frau verursachte, ließ das Publikum den »Vamp am Steuer« fallen. Und Brigitte Helm zog sich ganz von der Filmszene zurück. Vertragsverlängerungen lehnte sie ab. An ihren Leinwandruhm wollte sie später nicht mehr erinnert werden.

Brigitte Helm in *Spione am Werk* → (1933)

← Porträt

Gustav Fröhlich

Ein Filmheld wie aus dem Bilderbuch, mit sensiblen, aber doch kraftvollen Zügen und fein geschwungenen Lippen, erschien er als selbstbewußter Kerl des Films der dreißiger Jahre auf der Leinwand, blond und verwegen wie ein germanischer Gott. Er erweckte Sehnsüchte bei den Frauen, die vertrauensvoll zu ihm aufsahen, auch wenn er sie im Ungewissen ließ. Oder gerade deshalb. Auch mit dunkel gefärbtem Bart und Haupthaar wie als *Unsterblicher Lump* war Fröhlichs Ausstrahlung ungebrochen.

Nachdem er mit Fritz Langs berühmten Stummfilm *Metropolis* zum Star geworden war, verschrieb sich der Theaterschauspieler ganz dem neuen Medium Film. Er spielte Komponisten und Polizisten, Künstler und Abenteurer, eigentlich alles, was kam, und war neben Willy Fritsch der gefragteste Liebhaber des deutschen Films. Anfang der dreißiger Jahre gab er sogar sein Debüt in Hollywood, wo er aber nicht hingehörte. Deshalb kam er zurück, heiratete die Schauspielerkollegin Gitti Alpar und stand im Mittelpunkt einer berüchtigten Filmlegende des Dritten Reichs, als er die graziöse Tschechin Lida Baarova aus Eifersucht auf Goebbels angeblich in der Öffentlichkeit ohrfeigte. 1942 liebt er Kristina Söderbaum in dem historischen Schicksalsdrama *Der große König* und stirbt als wackerer Feldwebel Tresskow für Deutschland.

Nach dem Krieg wandelte sich sein Image, spielte er als Mann mit Vergangenheit auch gezeichnete Charaktere wie den kranken Maler und Liebhaber Hildegard Knefs in *Die Sünderin* (1951), die für ihn und den Zuschauer nicht nur die Hüllen fallen läßt, sondern ihm auch freiwillig in den Tod folgt.

← Gustav Fröhlich in *Liebeskommando* (1931)

Die Liebe dieser königlichen Frau gehörte dem Theater, dort war der Raum groß genug für ihre Faltenwürfe. Und sie brauchte dieses Erlebnis, nach dem letzten Wort an der Rampe mit Rosen beworfen zu werden. Deshalb waren ihre Barbesitzerinnen, Bordellmütter, Aktienhändlerinnen und Grandes Dames auf der Leinwand aber nicht weniger wirkungsvoll. Nicht weniger von geheimnisvollen Schleiern bedeckt und von Blitz und Donner begleitet.

Sie trug auch auf der Leinwand die Weihen des hoheitsvollen Spiels wie eine Schleppe mit sich herum, selbst dann noch, als sie in die Niederungen der Edgar-Wallace-Kinowelt hinabstieg, um ihre Kupplerinnen und Intrigantinnen abzuliefern. Auch in dieser nebelverhangenen Szene blieb sie so exklusiv, daß man sie beim Wiedersehen als mal eisgekühlt-unnahbares, mal dramatisch-aufgeheiztes Wunderwerk wie ein tönendes Zeichen längst vergangener Schauspiel- und Sprechkulturherrlichkeit bewundern kann.

Auch dort war sie immer die Flickenschildt. Sie löschte die Rollenfiguren aus mit Blick und Stimme aus den tiefsten Tiefen der tragischen Requisitenkammer. Entrückt und robust, sarkastisch gebrochen, unheimlich und urig zugleich.

Elisabeth Flickenschild in *Die Bande des Schreckens* (1960) →

↓ Mit Gustaf Gründgens in *Faust* (1960)

Den Mephisto im »Faust« spielte er 1932 zum erstenmal. Mit dieser Rolle identifiziert ihn das Publikum bis heute, und die Gründgens-Legende kam mit dem Teufel in Menschengestalt auf den Punkt. Die Gründe dafür lagen in einer Karriere, die zwischen künstlerischem Spiel und politischer Berechnung so wahnsinnig jonglierte, daß ihr Protagonist nur des Teufels gewesen sein konnte. In mehr als dreißig Jahren, zuletzt 1961 auf der Leinwand, trat Gründgens als der diabolische Verführer und Agent der Hölle, als bocksbeiniger Überreder auf. Bis sich Darsteller und reale Figur zu einem Übermenschen ineinanderschoben, der enträtselt werden wollte.

Gründgens war nicht nur der mächtigste Theatermann im Dritten Reich gewesen, Schauspieler, Regisseur, Intendant und künstlerisches Aushängeschild der Nazis, sondern spielte im Film auch unablässig Bösewichter, Intriganten, Verbrecher und zynische Intellektuelle. Er war nicht nur mit Erika Mann und Marianne Hoppe in glitzernder Ehe-Revue verheiratet, sondern jagte auf der Leinwand auch mitleidlos Liebesrivalen ins Elend und in den Tod. Er war nicht nur ein linker »Kulturbolschewik«, der die revolutionäre Arbeiter-Kunst gefordert hatte, sondern ließ sich auch von den Rechten zum Repräsentanten ihrer Prestigetheater ernennen.

So doppelbödig – die einen nannten es genial, die anderen opportunistisch – handelte Gründgens-Mephisto. Und noch nach dem Krieg gelang es dem ehemaligen artistischen Superstar des großdeutschen Reiches in der Internierungshaft, seine sowjetischen Richter so zu beeindrucken, daß sie ihn »aus dem Gefängnis direkt ins Deutsche Theater zurückbrachten« (Klaus Mann).

Bei soviel Begabung und Gestaltungskraft außerhalb des Kinos blieben für den Film nur Gründgens-Nebenrollen. Auf sie fiel der Ruhm dieses in seiner grandiosen Verwandlungsfähigkeit unheimlichsten Darstellers der Zeitgeschichte.

Gustaf Gründgens in *Faust* (1960) →

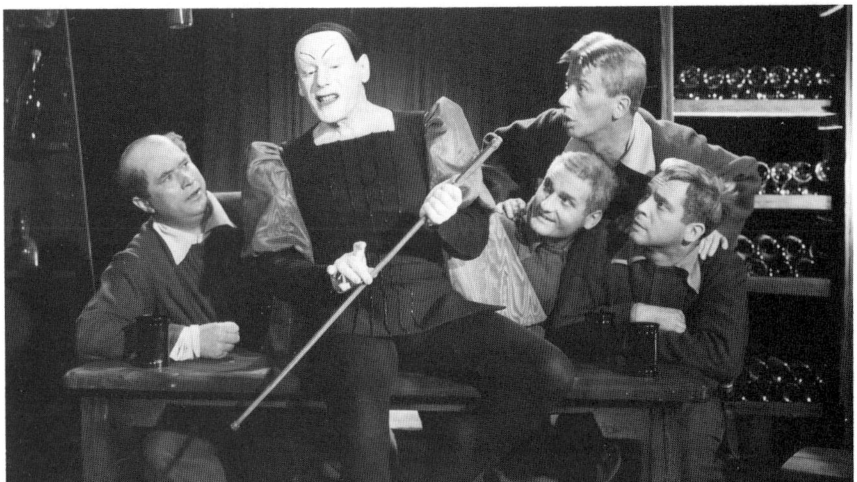

← Gustaf Gründgens in *Die schönen Tage von Aranjuez* (1933)

Marianne Hoppe

Ein rätselhaftes Lächeln unterstreicht dieses Gesicht von nordischer Strenge und Klarheit. Immer ist sie auf der Suche nach dem Höheren, Kostbaren. Als eine der heroischen Tragödinnen des Reichs wuchs sie zu einer Frauengestalt von innerer Größe und Sendungsbewußtsein empor. Die hohe knabenhafte Figur und das kehlige Lachen gaben ihr ein maskulines Flair; nicht zufällig spielte sie in ihrem ersten Film eine Hosenrolle.

Dramatische Figuren lagen ihr mehr als heitere. Ihre Darstellung gewinnt, wenn sie kühl unterspielt; läßt sie sich zu Ausbrüchen hinreißen, verliert sie an Natürlichkeit, Glaubwürdigkeit. Sie fasziniert, wenn Einblicke in ihre vielschichtige Frauenseele nur zu erahnen sind. Auf der Suche nach dem Glück muß sie verzichten, siegt die Pflicht über die Neigung – ein Sieg, der ihr nicht schwerzufallen scheint.

Die in Rostock geborene Gutsbesitzerstochter stellt den Urtyp der preußischen Mittelstandsfrau dar, eine gelungene Kostprobe dieser sozialen Figur lieferte sie in der Effie-Briest-Version *Der Schritt vom Wege* (1939). Doch Marianne Hoppe bleibt selbst in leidenschaftlichster Verstrickung aufrecht und charakterfest. Als Gemahlin des spießigen Bankbuchhalters Paul Dahlke in die Arme des illustren Schöngeistes und Komponisten Ferdinand Marian getrieben, wählt sie in *Romanze in Moll* (1943) ohne zu zögern den Freitod. Marianne Hoppe spielte am Staatsschauspiel Berlin unter Gründgens, dessen zweite Frau sie wurde. Für die Interpretation ihres Gretchens erhielt sie den Titel »Staatsschauspielerin«. Mit Gustaf Gründgens zusammen bildete sie das Paradekünstlerpaar des Reichs – auf der Bühne, im Film und im Leben.

← Porträt

Hans Moser

Sein Nuscheln war Ausdruck seines Wiener Querulantentums. Wer ihn nicht verstand, sollte es bleiben lassen. Und gerade weil er nicht bühnenreif sprach, sondern »moserte«, wurde er als Lakai, Stationsvorsteher, Briefträger und Kino-Kutscher zum Inbegriff des grantigen kleinen (Dienst-)Mannes, der immer recht haben will. Liebenswürdig war der eigentlich verhinderte Schelm des Stummfilms nie, es sei denn, er hatte sich im Ton vergriffen. Er war unverdrossen gallig und gereizt. Aber menschenwürdig. Das war seiner sozialen Stellung angemessen: die verkörperte er mit seiner dicklichen, nur 1,54 m großen kauzigen Figur rundum.

Er blies sich auch gern auf, hoffte dadurch größer zu werden, aber wenn er übertrieb, verschlug es ihm die Sprache, und es blieb nur die erstickte Empörung stummer Gesten, die wie aufgezogen weiterliefen. So rumpelte und schlurfte er als Koffer- und Kellnerfrackträger maulend durch die schlecht eingerichteten – aber gottgewollten – Ordnungen, an deren Kanten er sich dauernd stieß. Die Dinge waren nicht auf seiner Seite, allerdings auch nicht gegen ihn: er mußte sie nur den Herrschaften hinterherschleppen und wurde deshalb mit zunehmendem Alter immer mürber. Dabei verstärkten sich auch die strampelnden Abwehrgesten dieses enttäuschten Menschenfreundes. Wo er in frühen Stummfilmrollen noch durch die Szene wirbeln oder sogar eine glückliche Pirouette drehen konnte, bevor ihn der Sog der – gern ausgeübten – Pflichten wieder weiter zog, ruderten seine resignierten Wegwerf-Gesten im Nachkriegsfilm diesen mopsigen Körper nur noch griesgrämig davon.

Hans Moser mit Hans Holt in →
Schrammeln (1944)

← *Hallo Dienstmann* (1952)

Theo Lingen

Der Komiker mit der näselnden Stimme trieb das Preußisch-Exakte auf die Spitze. Durch Überpointierung holte er das letzte, besonders das typisch Deutsche aus seinen Figuren heraus: eilfertige Unterwürfigkeit, falschen Hochmut, kleinkarierte Beamtenmentalität. Mit ihren eigenen unnahbaren Allüren hielt er die Großkopfeten auf Distanz. Doch die Wahrheit seiner Karikaturen traf. In seinen Dienerrollen überschüttete er die Welt mit naserümpfender Verachtung, war er der strengste Kritiker seiner Herrschaft, die es schwer hatte, vor ihm zu bestehen. Er war der ewige Butler, Oberkellner und Sekretär des deutschen Films. Besonders im Zusammenspiel mit dem nuschelnden Hans Moser erreichte seine verquere Strenge und Sturheit ihre äußerste Wirkung. Im Nachkriegsfilm kam er immer häufiger zum bornierten Pauker herunter, wurde seine subtile Kunst in Klamotten und Lümmelfilmen wahllos vermarktet.

Heinz Rühmann, Theo Lingen und Hans → Moser in *Der Mann, von dem man spricht* (1937)

← Porträt

Die Quasseltante mit der gefürchteten Berliner Schnauze wurde sie erst später. Vorher wirbelte sie als *Die göttliche Jette* (1937) über die Leinwand, eine kesse Motte mit Schlitz im Kleid und frivolen Chansons auf den Lippen: »Ich bin die Frau der tausend Männer, denn einer nur genügt mir nicht.« Viktor de Kowa wurde dann doch ihr einziger. Schon diese Lieder zielten ins Kabarettistische, gaben sich als Marlene-Dietrich-Parodien zu erkennen.

Lange durfte sie nur Nebenrollen spielen und als Zofe die abgelegten Kleider von Lilian Harvey tragen. Dann plötzlich war sie die flotte Soubrette Mausi Blanke, die in der Nachtbar »Silbermotte« ihre Couplets sang und mit Viktor de Kowa eine *Ehe in Dosen* (1939) erprobte. Doch als sie ins Zofenfach zurück mußte, um als Jungfer Käthe Zarah Leander zu dienen, verstand sie es schnell, auch als Dienstmädchen oder Zimmerwirtin keinen mehr zu Wort kommen zu lassen. In endlosem Singsang half sie dem Alltag auf die Sprünge, und ihre klatschsüchtigen Erbtanten und Schwiegermütter wurden zu Kinoperlen, deren phantasievoller Redestrom den bissigen Ton angab.

Nach dem Krieg war dann nur noch Klamotte gefragt, »Schmalzstulle mit Keese«, wie es die Weiser selbstironisch sah. Ihre Famiiendramen waren letztlich nur wegen ihrer Schlagfertigkeit sehenswert. Und ihrem nie versiegenden Mutterwitz.

← Mit Theo Lingen in *Hilfe, ich bin unsichtbar* (1951)

Porträt →

Er fiel oft auf die Schnauze, rappelte sich aber immer wieder auf – im Film wie im Leben. Seine Pannen und Pleiten aus dem Leben baute er in seine Leinwandfiguren ein, er stellte sich ihnen, und so wuchs der viel zu kleine, gehemmte Mutterwitz-Mann mit der neugierig-spitzen Nase und wurde immer größer. Kleinerzukriegen war er jedenfalls nicht mehr, seit er 1930 in dem ersten deutschen Filmmusical *Die drei von der Tankstelle* schüchtern, aber redselig und schlagfertig, wie er war, mit seinem trockenen, beschwichtigenden Humor amüsierte.

Seine lausbübische Schnoddrigkeit, mit sanftem, nasalen Organ oft gegen den normalen Tonfall gesprochen, hatte zwei Seiten. Er konnte sie als spitze Waffe gegen die Goliathe einsetzen, sie konnte sich aber auch gegen ihn selbst richten und seine Helden tragikomisch oder auch tragisch erscheinen lassen. Aber noch unter Tränen lächelte er augenzwinkernd und zog damit auch die Rührung der Sieger auf seine Seite.

Sein Publikum hat Heinz Rühmann 50 Jahre lang gerührt, ob als *Mustergatte* (1937) und *Quax, der Bruchpilot* (1941) oder als Schuster Voigt in *Der Hauptmann von Köpenick* (1956). Das machte: Er war immer ein schlichter, redlicher Mann, in seiner verschmitzten Kleinkariertheit einer von uns, *Briefträger Müller* und *Der Mann, der nicht nein sagen konnte,* wie zwei seiner Filme hießen. Immer pfiffig, beflissen, gütig und heiter. Ein antiheroischer Schalk, der trotz der großen Tiere doch als Letzter lacht.

Heinz Rühmann in *Der Hauptmann von Köpenick* (1956) →

← *Briefträger Müller* (1953)

Als singender Volksschauspieler vereinte er alle Erscheinungsformen Wienerischer Lebensart in sich, war er Hofrat, Fiaker und Kaiser Franz Joseph in einem. Seine massige Gestalt füllte allein die Leinwand, leutselig, gestenreich oder auch mal grantelnd. Er liebte den Heurigen, Weib und Gesang und »ließ den Herrgott einen guten Mann sein«. Für ihn war das Leben ein Singspiel, in dem die Schrammeln immer wieder den Kaiserwalzer fiedelten. Einst ein fescher Bursch, dem die Maderln um den Hals fielen, wandelte er sich zum humorigen Kauz der Schwergewichtsklasse, der dennoch leichtfüßig und leichtlebig seinen »Schmäh« zum Besten gab.

Lange vor dem Zweiten Weltkrieg, als der Kongreß noch tanzte, begann seine leichte Karriere, wurde er einer der populärsten Stars des deutschen Unterhaltungsfilms. Und nach 1945 machte er ohne Atempause weiter, getragen von der Welle des neuen Heimatfilms. Geprägt vom romantisch-versponnenen Theaterstil eines Nestroy oder Raimund, wurde das langjährige Mitglied des Burgtheaters schließlich der Dienstmann der Nachkriegsklamotte, ließ er mit seinen liebenswerten Sonderlingen noch einmal die alte Operettenseligkeit aufleben, war er der *Alte Sünder,* der es mit seinen raunzigen oder auch bukolischen Späßen noch einmal wissen will. Zu seinen beliebtesten Filmen der Nachkriegszeit gehörten jene, in denen er gemeinsam mit Hans Moser alle Register seiner Kunst ziehen konnte. Am liebsten zitierte er den Satz aus seinen Memoiren: »Ihr werdets net solang über mich weinen, wies über mich gelacht habt.«

← *Lumpazivagabundus* (1937)

Paul Hörbiger in *Schrammeln* (1944) →

Unverkennbar an ihr ist das delikat Wienerische in Ausdruck und Sprachgestus. Bereits in ihrer ersten Rolle als Vorleserin Leopoldine Dur in *Maskerade* (1934) überzeugte sie durch ihre feinabgestimmte Mischung aus Geradlinigkeit, Melancholie und innerer Kraft. Der »Figaro« sah in ihren Zügen »den herben Charme und die naive Selbstsicherheit der Jugend, die jede Effekthascherei verachtet«. Daß sie nicht der Ästhetik einer Filmschönheit entsprach, erhöhte noch ihren spröden Reiz, kündigte sich doch schon in ihren frühen mädchenhaften Figuren das Sanft-Mütterliche an.

Mit schmalem Mund und musikalischer Stimme erscheint sie abgeklärt, heiter und doch von vibrierender Lebendigkeit. Auch wenn sie Prinzessinnen spielte, konnte sie ihre kleinbürgerliche Herkunft nie verleugnen, denn sie war keine dieser tragischen Heroinnen, die nicht leben und nicht sterben können. »Wenn sie leidet, zerbricht sie nicht und niemanden« (Karena Niehoff). Mit festem tapferen Lächeln weiß sie die Dinge des Lebens zu ordnen, nimmt sie an, was das Schicksal für sie bereithält. Für Ingrid Bergman wurde sie zum Vorbild, und für Therese Giehse trug sie »die heilige Flamme in sich«. Unkomplizierte Frauengestalten lagen ihr, von lauterem Charakter und ohne falschen Zungenschlag. Sie konnte weinen und lachen ohne Rücksicht auf ihr Make-up und den schönen Schein des Kinotraums.

1941 ließ sie sich als Edelgermanin für den Nazi-Propaganda-Film *Heimkehr* einspannen. Ehe sie sich 1961 ganz vom Film zurückzog, produzierte die Burgschauspielerin in den fünfziger Jahren ihre eigenen Filme, Unterhaltungs- und Heimatschnulzen, in die sie das Elementare und Seelenvolle ihrer Kunst einbrachte.

Porträt →

Wenn er auftrat, lag Lachen in der Luft. Manchmal war das ein Lachen, das dem Zuschauer im Hals steckenblieb. Denn dieser irrlichternde Charakter war als Bösewicht, snobistischer Hochstapler, infamer Reaktionär, raffinierter Betrüger und zackiger Kommißhengst immer auch hundertprozentig zum Fürchten. Aber wenn er seine Puppen tanzen ließ, graziöse und exzentrische, frivole, augenzwinkernde und vieldeutig feminine, die als schußlige Finanzbeamte, weibstolle Strohwitwer und alberne Fatzkes durch die Szene schwebten, dann war sein Anspielungsreichtum einfach nur umwerfend komisch.

Das Markenzeichen dieses Offizierssohns aus der Garnisonsstadt Potsdam wurden die am Kabarett geschulte, präzise Stockschnupfensprache, die er mal herausnäselte, mal sarkastisch und scharf wie eine Peitsche knallen ließ, das Monokel auf dem arroganten Auge, geschniegelter Schnurrbart und die Glatze, auf der er anfangs noch einige pomadige Haarsträhnen festklebte.

Er war ein Verrückter. Im frühen Stummfilm tanzte er auf Tischen, angetan mit einem rosa Balletthöschen, dem Hermelincape seiner Mutter und einer winzigen blauen Seidenkappe auf dem Kopf. So apart und amphibisch war er oft, auch wenn seine Regisseure diese Talente später immer häufiger zur negativen Charakterzeichnung einsetzten. Brillant war »Hubsie«, wie ihn die Branche liebevoll nannte, immer.

← Mit Johannes Heesters in *Hallo, Janine* (1939)

Hubert von Meyerinck in *Knall und Fall als Detektive* (1953) →

M

Peter Lorre

Sein Kindermörder in *M* (1931) legte ihn früh auf psychotische Gestalten fest, denen der kleingewachsene Mann mit den hervorstehenden Augen von da an zu entkommen trachtete. Aber das gelang ihm nicht. Und so blieb er auch im anglo-amerikanischen Film, für den ihn Alfred Hitchcock entdeckte, Triebtäter und neurotisches Opfer zugleich, immer mit seelischen Abgründen, die ihn später, dämonisch gewendet, als leibhaftige Horrorgestalt durch die Schreckenskammern Edgar Allan Poes und Roger Cormans geistern ließen.

Ein neurotischer Charakter von besonders realistischer Art trieb den Juden Peter Lorre 1933 ins Exil nach England. »Für zwei Mörder wie Hitler und mich«, begründete er seine Flucht, »ist in Deutschland kein Platz.« Und er hatte seinen Entschluß nicht zu bereuen, denn nachdem er 1937 in die USA weitergereist war, begann dort seine internationale Karriere, die unter Filmemigranten eine Ausnahme war.

Lorre kehrte zwar Ende der 40er Jahre nach Deutschland zurück und inszenierte hier den Politthriller im expressionistischen Stil *Der Verlorene* (1951). Aber ein brisanter Film aus der Gestapozeit konnte in der deutschen Kinolandschaft der Herrgottsschnitzer und Försterlieseln nur ein Mißerfolg werden. So ging Lorre schnell wieder nach Hollywood, wo ihn jedoch nun endgültig die abseitigen Halbweltbösewichte, zynischen Waffenschieber und politischen Delinquenten auf der Leinwand erwarteten. Allesamt Verlierer. Aber in Peter Lorres sensibler suggestiver und differenzierter Darstellung erlangten sie doch den Rang von großen Gestalten – zumindest in der Typologie der Kinogeschichte.

← Peter Lorre in *M* (1931)

»Ich bin ja heut so glücklich!« hieß der Erfolgsschlager, mit dem die aparte Münchnerin allen Stenotypistinnen im Land vorlebte, wie sich ihr Traum von der großen Liebe erfüllt. Der Film hatte den Titel *Die Privatsekretärin* (1931), und der junge Mann, der so in sie verliebt war, entpuppte sich als ihr Chef. Damit wurde die jugendfrische Schauspielerin über Nacht zum Publikumsliebling und »Idealbild des modernen Mädchentyps« (Patalas). Charmant, sensibel und wandlungsfähig, verwirrte sie mit einer Portion wohlgerundeter Weiblichkeit auch Feinschmecker unter den Filmliebhabern wie den Schönling Adolf Wohlbrück. Sie hatte Herz, ohne herzig zu sein, war gescheit, ohne gleich immer recht haben zu wollen – und sie konnte obendrein noch singen. Mit diesen Vorgaben durfte sie getrost auf den Schlitz im Kleid verzichten, wenn sie sich auf einen Flirt einließ.

In den unsentimentalen Komödien von Reinhold Schünzel, der sie auch »entdeckt« hatte, stand die Müller ihren »Mann«, am besten als »Damenimitator« in *Viktor und Viktoria* (1933). Sie war witzig, sympathisch und strahlte die Leichtigkeit eines unabhängigen Charakters aus.

Am Beispiel Renate Müller manifestiert sich Film als Medium des schönen Scheins, das die Grenzen zwischen Realität und Illusion aufzuheben vermag. Denn hinter dem heiteren Image des Filmidols verbarg sich ein düsteres privates Schicksal. Goebbels hatte sie dazu ausersehen, »den Führer persönlich« kennen und lieben zu lernen. Als sie dieses Angebot ausschlug, ließ er sie von der Gestapo bespitzeln und fand heraus, daß sie einen jüdischen Schauspieler liebte. Um sie nicht zu diskreditieren, war ihr Freund emigriert; daraufhin erteilte Goebbels dem Star Ausreiseverbot.

Renate Müller starb 1937 in einem Berliner Krankenhaus aus ungeklärter Ursache – Indizien sprechen dafür, daß sie in den Selbstmord getrieben wurde.

← Renate Müller in *Die englische Heirat* (1934)

Sein Vater war der mit Grock befreundete berühmte Clown Adolf vom Zirkus Schumann. Von ihm erbte der Sproß die Darstellung ohne Ecken und Kanten, eine Kunst, deren körpersprachliche Raffinesse im deutschen Kino selten war.

Kein Zufall deshalb, daß seine großen Erfolge im Zirkusmilieu oder dem Manegenumkreis spielten. Wie *Salto mortale* (1931), mit dem er zum Star wurde, und *Lola Montéz* (1955), sein vorletzter Film. »Ein mir vertrautes Milieu umgab mich, etwas wie Heimat ... Tierdunst, Flitterwerk, das Maske bedeutete ... Clowns ... schaukelnde Trapeze.« Vom Zirkus brachte Adolf Wohlbrück auch den komödiantischen Witz und die Schlagfertigkeit mit, die noch seine wenigen düsteren Charakterrollen erhellten.

Er war ein aufklärerischer Geist, unterstützte noch vom englischen Exil aus jüdische Kollegen in Deutschland, und daß er die englische Staatsbürgerschaft annahm und sich im Krieg Anton Walbrook nannte, war für einen so liberalen und weltläufigen Mann, an dem die Frauen den lässig-liebenswürdigen und verführerischen Glanz und die Männer den selbstironischen »hellwachen Verstand« (Heinz Rühmann) rühmten, eine Ehrensache.

← Mit Renate Müller in *Die englische Heirat* (1934)

Adolf Wohlbrück in *Allotria* (1936) →

Sie war am besten als das in gehobene Gesellschaft geratene Naturkind, an dem alle Erziehungsexperimente scheitern. Als burschikoses Blumenmädchen Eliza in G. B. Shaws *Pygmalion* (1935) verkörperte sie ideal diese Rolle. Und Shaw bot ihr begeistert an, sie für die Darstellung seiner Figuren nach England zu vermitteln. Jenny Jugo blieb in Deutschland bei Erich Engels, ihrem Erfolgsregisseur, unter dem sie zwischen 1931 und 1941 in elf Tonfilmen brillierte.

Aber im »Dritten Reich« kam sie als Typ des kratzbürstigen, lustigen und lausbübischen Mädchens mit dem selbstironischen Ausdruck nicht gut an. »Ich war«, so sah sie es selbst, »kein gefragter Typ. Man wollte blonde Germaninnen und nicht eine dunkle, slawisch aussehende Frau.« Dennoch konnte sie ihre *Mädchenjahre einer Königin* (1935/36) auf deutscher Leinwand feiern, und in anderen, auch turbulenten Filmen, bewies sie ihre komödiantische und aufgeklärte Flapper-Begabung.

Mit ihrem schmalen Gesicht, den Kulleraugen und der schlanken Figur blieb sie das unbekümmerte *Fräulein Frau* (ihr Film von 1933) des deutschen Kinos, das Herz und Mundwerk auf dem rechten Fleck hat.

← Mit Hans Söhnker in *Nanette* (1939)

Porträt →

Paul Kemp

Er war der Charmeur der Verlegenheit. Verliebt in das Leben und die Frauen wuchsen ihm Flügel, und er wollte es, zwischen Himmel und Erde schwebend wie in der *Czardasfürstin*, 1934, den Schwalben nachmachen. Hoch hinauf wollte der Kleine mit dem großen Kopf und den unschuldigen Bewegungen immer. Als schüchterner Casanova ebenso wie als »Goldmacher« Böttger, besessener Dirigent oder als Götterbote Merkur, seiner äußersten, olympischen Steigerung. Fast immer klärten ihn aber Mißerfolge über seine Grenzen auf, dann schlug die Stimmung dieses Schalks und Stolperkünstlers rasch ins Gegenteil um, und er wollte nur noch ein Huhn sein.

Verlassen konnte man sich auf ihn. Er war immer ein Freund, der die Kastanien für andere aus dem Feuer holt. Daß er selbst dabei leer ausging, brachte diese rheinische Frohnatur mit den warmen, menschlichen Tönen nicht um. Er fand seine übersprudelnde Unternehmungslust schnell wieder, auch wenn er als Mann mit der verschämten Huch-Nein-Art an den Mädchen vorbeigeliebt, als allzuanständiger Dieb die Beute verloren, mit offenen Augen träumend das Falsche getan hatte. Der Mann, der stets im unpassenden Augenblick auftritt und alles verpatzt, war »einer der besten Komiker, die mir unter die Finger gekommen sind« (Max Ophüls).

Porträt →

↓ Paul Kemp in *Drei, von denen man spricht* (1953)

Sybille Schmitz

Ihre Augen glühen dunkel in einem schmalen Gesicht, das für den spukhaft-romantischen Film wie geschaffen scheint – sie war die Unergründliche des deutschen Films. Ätherisch, zart, gehörte sie zu den gefährdeten Frauen, die immer auf dem Vulkan tanzen. So geisterte sie 1931 durch Carl Theodor Dreyers *Vampire*, die Augen aufgerissen und die Züge schreckhaft verzerrt; ein Höhepunkt ihrer phantastischen Verwandlungen wurde das surreale Märchen *Fährmann Maria* (1935), in dem aus Sybille Schmitz »unendliche Sehnsucht und gläubige Liebe« (»Filmkurier«) spricht, als sie auf der Dorfkirmes mit dem Tod tanzt und ihn sogar ins Moor lockt.

Zwischendurch gab sie jedoch auch ihre handfeste diesseitige Ansicht preis, assistierte sie Harry Piel als dem *Herrn der Welt*, bestand sie mit Hans Albers tausend tolle Abenteuer.

Am besten lagen ihr jedoch die einsamen, stolzen und sphinxhaften Frauen wie die Dichterin George Sand in Hosen und mit dem Zylinder auf dem Kopf. »Sybille Schmitz hatte die morbide Eleganz und den hintergründigen Charme jener Frauen, die gefährlich leben und lockend zerstören konnten«, befand Kollege Rudolf Fernau über sie. Jedenfalls paßte sie nicht ins arische Frauenbild, sie wurde als »rassisch nicht einwandfrei« eingestuft: unruhige, eigenwillige Problemfrauen waren in jener Zeit unerwünscht. Als sie 1943 in der Untergangsvision *Titanic* eine dänische Emigrantin spielte, ließ Goebbels den Film verbieten und den Regisseur Herbert Selpin ermorden. Zu nahe war dieser Film der tatsächlichen Lage gekommen, und nichts fürchtete man so wie die Wahrheit.

Gleich nach dem Krieg spielte Sybille Schmitz in einem der ersten Trümmerfilme *Zwischen gestern und morgen* (1947) ihrem Image entsprechend eine Jüdin. Dann nahm ihre Karriere eine tragische Wendung, denn Anfang der fünfziger Jahre gehörte sie zu den Vergessenen des deutschen Films. Sie wurde tablettensüchtig und nahm sich das Leben. Rainer Werner Fassbinder hat ihr seine Arbeit *Die Sehnsucht der Veronika Voss* (1982) gewidmet.

Sybille Schmitz in *Hotel Sacher* (1939) →

Die gemessenen Manieren des Mannes von Welt beherrschte er im Schlaf. Der Kavalier alter Schule meisterte jede Situation nach Gutsherrenart. Und daß besonders die Damen von diesem stattlichen Mann, den untergründige Melancholie und ein verhaltenes Geheimnis umwehten, Ritterlichkeit erwarten konnten, war selbstverständlich. Denn er verhielt sich auch in Liebesdingen immer wie ein Offizier, hart gegen sich selbst und verständnisvoll gegen andere.

Elegant und erstklassig waren alle Filmgestalten, die Birgel so eindringlich scharf umriß. Und daß sein erster Film, für den Paul Wegener ihn 1934 entdeckte, *Ein Mann will nach Deutschland* hieß, entpuppte sich als Programm. Denn als »nationaler Schauspieler des deutschen Films« war Birgel bis 1945 beim Publikum als Grandseigneur und bei den Machthabern als Rittmeister fürs großdeutsche Reich gleichermaßen beliebt.

Diese unterschiedlichen Sympathien verdankte der große, straffe Mann mit den dunklen Augen, dem vollen Mund und dem eleganten Schnauzer seiner aristokratischen Haltung in Zivil und in Uniform. Und seiner ausgeglichenen Passivität. Er ließ die Dinge auf sich zukommen und machte dann mit. Im Leben wie in der Liebe ein korrekter Herr.

← Mit Zarah Leander in *Der Blaufuchs* (1938)

Porträt →

Jeder Ton ihrer Lieder war Sehnsucht und jede Kadenz ein Schuß Vergeblichkeit. Ihr Leitmotiv hieß Liebe, ihre Gesten drückten tapferen Verzicht aus, ihre Hoffnung war, daß einmal ein Wunder geschehen würde. Und hatte sie wieder mal ein Liebhaber aus niederen Motiven verlassen, dann sang sie mit dunkler Altstimme und betonten Konsonanten: »Davon geht die Welt nicht unter!« Und ihr stolz zurückgeworfenes Haupt krönte dabei der rote Haarkranz wie auf einem Votivbild. Denn Zarah war eine halbmythische Gestalt, keine Schauspielerin, keine Sängerin – eine Art Fabelwesen zwischen Lichtdomen, Weihnachten und verruchter Erotik.

Sie war die schwerblütige Domina der deutschen Kinogänger – und eine Propaganda-Marionette. Während die 6. deutsche Armee in Stalingrad verblutete, verbreitete sie aus dem Volksempfänger musikalischen Wunderglauben an den Endsieg. Denn die Verantwortlichen hatten ihrer sinnlichen Ausstrahlung beizeiten das Durchhaltepathos aufgeschminkt.

Dabei sollte Zarah ursprünglich nur der Suche nach einer neuen Garbo abhelfen. »Einer deutschen Garbo«, wie sie in ihren Memoiren anmerkte, »einer Garbo, die sang. Einer männlichen Garbo. Einer weiblichen Garbo ... Einer rothaarigen Garbo.« Und wenn sie anfangs augenzwinkernd fragte: »Kann denn Liebe Sünde sein?«, dann war man für die heitere Antwort dieser Frau mit Vergangenheit dankbar. Ja, für Zarah war Liebe »nicht nur ein Wort ... Es war ihr einziges« (Karsten Witte). Aber identifikationsfähig wurde sie für ihre Fans in schwerer deutscher Zeit nicht als liebende Frau, sondern als eine Art kollektiver Idee von der Liebe des Weibes, als Sinnbild von Liebe und Opferwillen.

Nach dem Krieg kam sie wieder und lauschte auf den Musikbühnen zwei Jahrzehnte lang als Monument ihrer selbst dem Wind der Vergangenheit, der ihr das Lied ihres einstiges Erfolges erzählte. Nach ihrem Tod kam in Berlin, zum Jubel ihrer Fans und der Schwulen, die die Matrone mit der trägen Figur und der herrlichen Männerstimme als Kultfigur feierten, ihr Nachlaß unter den Hammer.

Porträt →

Als *Zarewitsch* meisterte der jugendliche Springinsfeld seinen ersten Filmauftritt. Dann wurde der Liebling des Berliner Theaters auch ein Bonvivant und Herzensbrecher der laufenden Zelluloidbilder: »Mitte der dreißiger Jahre war ich auf dem besten Wege, als singender Sonnyboy vom Film verheizt zu werden.« Was ihm an männlicher Härte und Schlagkraft fehlte, ersetzte er durch Eleganz und Wagenladungen voll Charme. Mit einer Mischung aus Herzlichkeit, Intelligenz und einem flotten Verführerlächeln kam er stets ans Ziel. So lagen ihm alle Frauen zu Füßen, die Hoppe, die Rökk, die Bergman gar, und in der *Großen Freiheit Nr. 7* besaß er die Frechheit, dem unverwüstlichen Hans Albers das »Mädel« auszuspannen.

Söhnker spielte gern Boulevardtheater, und das färbte auf seine Filmrollen ab – und umgekehrt. Triste Tragödien aus dem Elendsmilieu schlugen nicht in sein Fach. Er war der unverwüstliche Überlebenskünstler, dem auch der Übergang in die Nachkriegszeit problemlos gelang.

Mit zunehmendem Alter wurde sein Lächeln gütiger, reifte der Liebhaber von einst zur milden Vaterfigur, wenn es sein mußte auch mit erhobenem Zeigefinger. Mit einer Mischung aus unaufdringlicher Strenge und vornehmer Bonhommie wahrte er den Schein des Versöhnlichen, schrumpften Probleme für ihn zu einem Nichts zusammen. Mit Haltung ließ sich alles ertragen, damit konnte man leben. So ging er als einer der letzten Stars der »guten alten Zeit« in die Filmgeschichte ein.

Porträt →

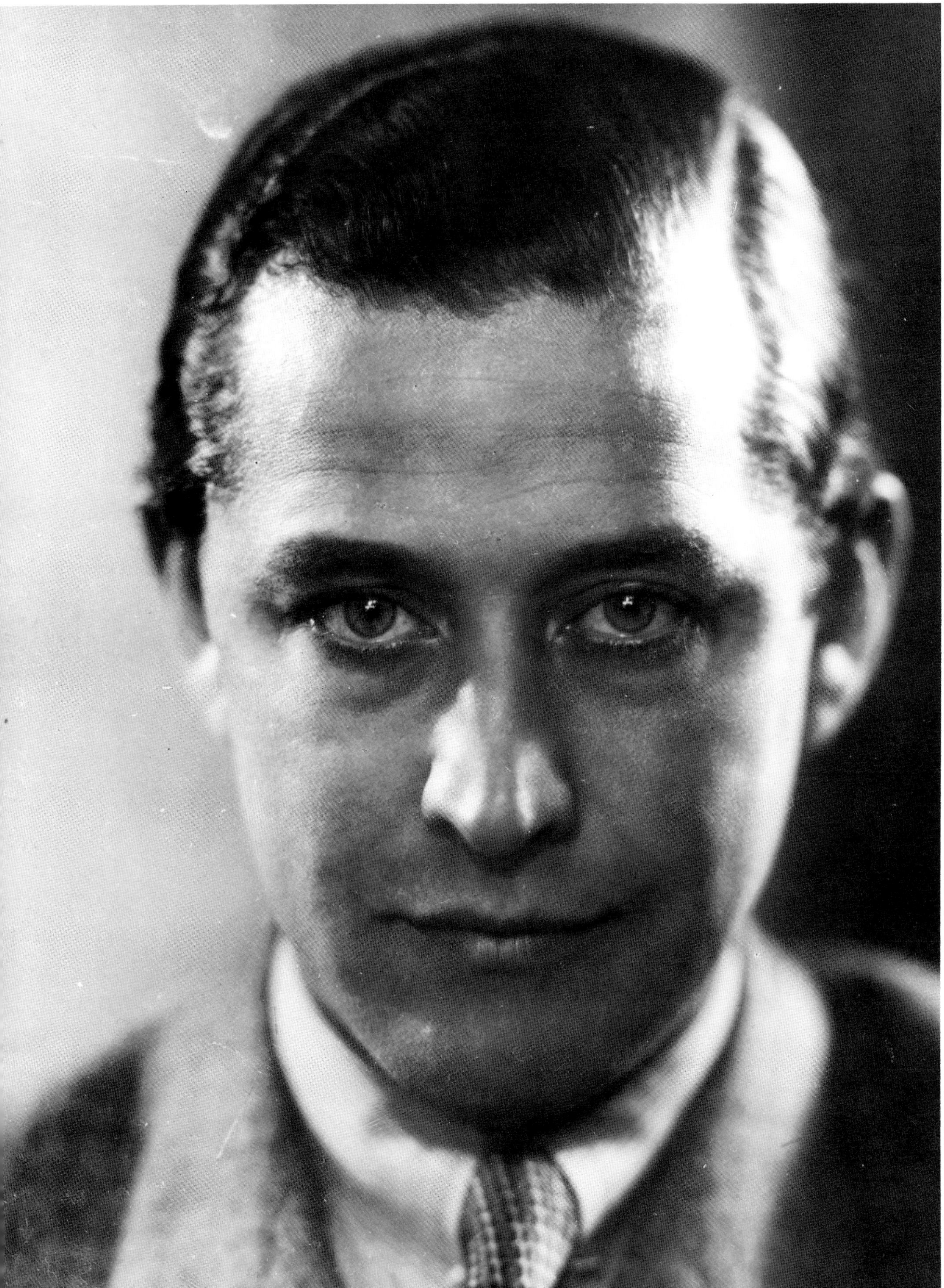

Brigitte Horney

Ihre großen Frauen der Leinwand konnten ebenso duldend und sorgend wie ehrgeizig und energisch sein. Die herbe Ausnahmeerscheinung mit der dunklen, brüchigen Stimme, den grauen Augen und den slawischen Zügen gab ihnen allen feste Form und Intensität. »So oder so ist das Leben, so oder so ist es gut«, sang sie in *Liebe, Tod und Teufel* (1934), ihrem Lieblingsfilm. Und dieses lakonische Bekenntnis im Geist der Neuen Sachlichkeit nahm ihr jeder ab, egal, ob sie Krankenschwestern oder Kaiserinnen spielte.

Mit diesem Gesicht nahm man ihr überhaupt alles ab, und selbst als sonderbare Dame in Edgar-Wallace-Filmen verzieh man ihr sämtliche Machenschaften. Noch heute ist die aparte Brigitte Horney mit ihrem vehementen Temperament im Kino zu bewundern. Zuletzt in *Bella Donna* (1983) von Peter Keglevic. Eine irre alte Dame. Irre gut.

← Porträt

↓ Mit Johannes Heesters in *Illusion* (1941)

In sein verkatertes Gesicht, das schlauen Eigensinn und Reizbarkeit ausdrückt, zieht durch ein Lächeln Verklärung ein. Man ahnt: Dieser Mann ist goldrichtig. Auch wenn er beide Fäuste ballt. Der doppelbödige Prachtkerl hat ein cholerisches Temperament, aber seinen Unterton von familiärer Herzlichkeit verliert er dabei nie. Eigenschaften wie diese machten Raddatz zu einem »typischen« Berliner Charakter – obwohl er in Mannheim geboren ist. Aber durch seine ungekünstelte, von unzähligen Pfeifen und Zigaretten aufgerauhte Stimme, kollert und knurrt der stadtübliche, naßforsch-gemütliche Tonfall. Und wenn er mit schwingendem, schweren Schritt, die Hände in den Taschen, über die Leinwand geht, würde ihm jeder und sofort einen *Urlaub auf Ehrenwort* geben (wie sein erster Film hieß).

Raddatz war immer auch ein Zuckmayer-Typ: schrullig, kernig und zäh. Ein Mann am richtigen Fleck. Und so trat er auch als Teufels General und als Hauptmann von Köpenick auf. In die Uniformen schmiß er sich besonders gern im Film des Dritten Reichs. Als forscher Flieger und Soldat mit Saft und Kraft war er in Kriegszeiten eine vertrauenerweckende, aber autoritäre Führerfigur, die die Befehlsgeberei beherrschte.

Aber mit zunehmendem Alter zog der Pfundskerl wieder Zivilkleidung an, auch mal die Schultern ein und senkte seine markante Stimme melancholisch. Dann hielt das Kino den Atem an.

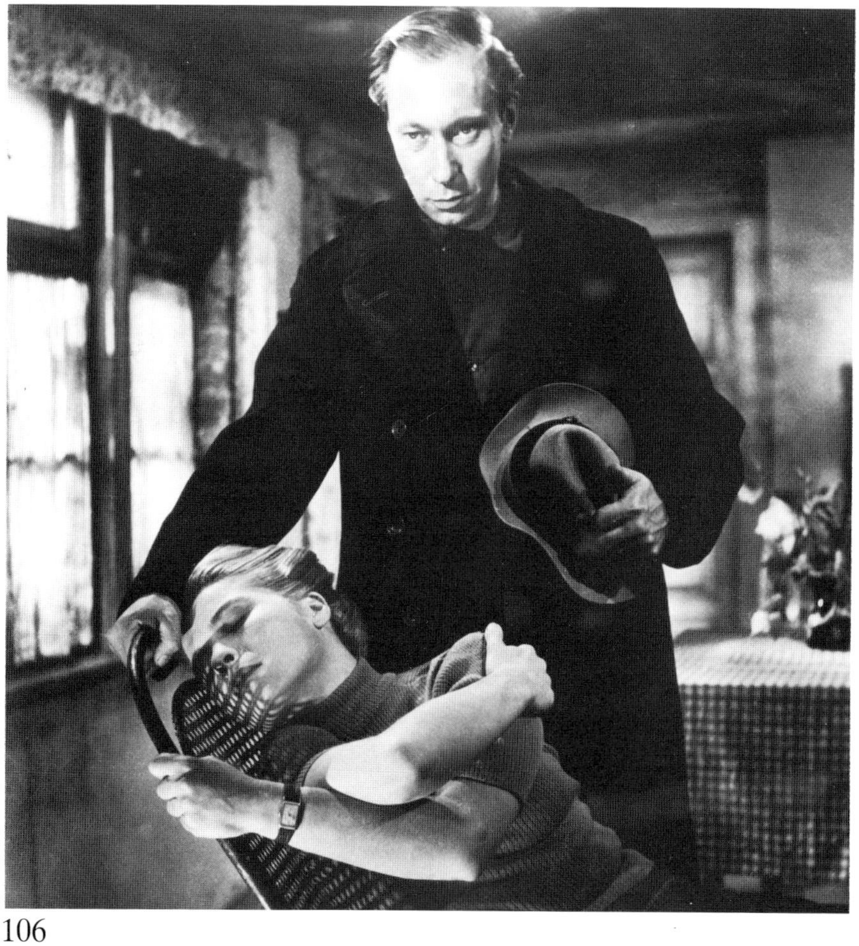

← Mit Heidemarie Hatheyer in *Wohin die Züge fahren* (1949)

Carl Raddatz in *Schatten der Nacht* → (1950)

Wenn sie lächelte, zeigte sie blitzende Zähne, und sie lächelte oft: unaufdringlich oder burschikos, frech oder aufopferungsvoll. Mit ihrem dünnen Blondhaar wirkte sie eher unscheinbar; ihre strichfeinen Augenbrauen ließen sie noch zarter erscheinen. Gern trug sie merkwürdige Topfdeckel als Hüte wie in *Regine* (1935). Sie war ein keckes Wesen von erfrischender Natürlichkeit, verschmitzt und mit einem Sinn für Ironie gehörte sie zum Typ der guten Kameradin, die sich selbst für »geheimnislos« hielt.

Ihre großen Augen lachen mit, wenn sie sich freut, und wenn sie heult, wird sie zu einem Häufchen Elend. Sie spielte Mädchen vom Land oder Frauen, die sich klaglos dem Mann unterordnen, ohne resignativ zu wirken. Im Hintergrund spürt man immer ihren Eigenwitz und ihre starke Beharrlichkeit.

Wie andere Filmdiven von einst wurde auch sie von Luis Trenker vor die Kamera geholt, in ihrem Fall für sein Freiheitsdrama *Der Rebell* (1932). Sie mußte zu ihm aufblicken und auf ihn warten – am Ende vergeblich. Aber daß sie vor Gram den Gashahn aufdreht wie in *Regine*, blieb bei ihr die Ausnahme. Denn Luise Ullrich war eine Frau, mit der ein Mann überleben konnte.

In ihren Nachkriegsfilmen gewinnt sie noch an weiblicher Unabhängigkeit und Alltagsrealität, erkennen sich kluge Hausfrauen, Mütter und Omis in ihrem augenzwinkernden Charme wieder.

Porträt →

Widerlich kann er zwar auch sein; Kriminelle, eklige Mucker und spießige Bürovorsteher fallen in sein Fach. Aber die grundsoliden Rollen hat er doch am häufigsten gespielt: die treuherzigen Diener, behäbigen Sprachschulmeister, dicken Prinzen – und dickköpfige alte Knacker, die sich kauzig in ihre Marotten verstricken.

Allesamt haben die Dahlke-Figuren auf der Leinwand, bisher rund 120, etwas Abgerundetes, Gesichertes, Zuverlässiges. Aber ein einziger Seitenblick und das Runzeln ihrer Stirn lassen doch die gewaltigen Gewitterfronten ahnen, die in diesen knurrigen Männern aufziehen können.

Wenn die von Paul Dahlke verkörperten genauen Gestalten des Kinos zu selbstsicher in sich ruhen, neigen sie zum Biedermeierlichen, werden sie aber gefordert, entwickeln sie ein Falstaff-Format, das Abgründe aufreißt. Dann sind die Studienräte, Bankiers und Familienväter so doppelbödig, daß man sich vor ihnen zu fürchten beginnt.

← Paul Dahlke in *Der Täter ist unter uns* (1944)

Die Reise nach Marrakesch (1949) →

Sie war in ihrer Jugend blond, hatte große leuchtende Augen und einen vollen Mund – damit entsprach sie schon ganz dem deutschen Frauenideal. Ergänzt wurden diese äußeren Attribute üblicherweise durch einen starken Hang zur Innerlichkeit. Bei der Hatheyer kam etwas hinzu, was ihre besondere Qualität ausmachte, auch wenn ihre madonnenhaften Züge es zuerst kaum ahnen ließen: Vitalität und urwüchsige Wildheit.

Als Luis Trenker wieder einmal auf der Suche nach einem neuen Mädchengesicht war, fand er sie. *Der Berg ruft* (1937) hieß sein Film, und für die junge Kärntnerin wurde er zum Programm. Denn drei Jahre später ging sie mit einer Alpentragödie in die Geschichte der großen deutschen Stars ein: als *Geierwally*. Rebellisch, von inneren Stimmen geplagt, kämpft sie, als Verfemte ganz auf sich gestellt, in der Einsamkeit der Bergwelt mit einem jungen Raubvogel.

Heidemarie Hatheyer wurde mit dieser Figur, die sich wie ein dunkler Schatten auf sie legte, berühmt. Und obwohl sie später auch gefühlvoll-sentimentale Rollen spielte, heimliche Geliebte und unverstandene Frauen, Verzichtende und Leidgeprüfte, wurde sie das Image der Geierwally nie wieder los. Für sie selbst unverständlich, ja lästig.

Dabei verkörperte sie eine zweite Figur, die ebenfalls Filmgeschichte machte und die ebensowenig vergessen werden sollte: die der unheilbar kranken Hanna in dem Euthanasie-Propagandafilm *Ich klage an* (1914).

Den deutschen Nachkriegsfilm bereicherte sie, die sich mehr für das Theater berufen fühlte, mit ausdrucksstarken Frauengestalten in Melodramen und Klassikerverfilmungen.

← Heidemarie Hatheyer in *Wohin die Züge fahren* (1949)

René Deltgen

Seine Stimme klang immer belegt wie nach tausend Gläsern Whisky – tief und kehlig. Es war eine Bogart-Stimme und Deltgen eine Halbwelttype. Sie lagen ihm besonders, die zwielichtigen Kerle: Schläger, Macker, Fieslinge. Schon in seinen frühen Jahren am Theater war Deltgen auf die negativen Helden abonniert, auf Franz Moor, Geßler, Mephisto. Das Publikum kannte ihn als den Draufgänger mit dem fremdländischen Akzent. Doch wenn sich seine finstere Miene überraschend aufhellte, konnte er Charme verbreiten wie eine geballte Ladung Sonnenschein. Deltgen bevorzugte handwerklich solide Rollen, Bärenjäger, Flieger oder Artisten; traumverlorene Einzelgänger waren nicht sein Fach.

Seine Filmlaufbahn begann 1935 bei der Ufa mit *Das Mädchen Johanna*, in den chaotischen Tagen nach dem Zweiten Weltkrieg versuchte er sich vorübergehend als Pferdedresseur beim Zirkus, doch schon 1949 stand er in Harald Brauns *Nachtwache* wieder vor der Kamera.

Bis tief in die siebziger Jahre hinein gehörte Deltgen zu den populärsten deutschen Kinostars, daneben spielte er gleichzeitig Theater und trat in zahlreichen Fernsehfilmen hervor. Die Figuren, die er in seiner zweiten Lebenshälfte verkörperte, waren zunehmend gebrochener, nuancenreich und leise.

Mit Marianne Hoppe in *Kongo-Express* (1939) →

← René Deltgen in *Kautschuk* (1938)

La Jana

Sie war eine wilde Schlingpflanze, ihr Nabel blieb meist frei. Als schwüles Revuegirl der dreißiger Jahre durfte sie dem deutschen Film einen Hauch von Exotik und Fernweh vermitteln. Ihr schmaler Körper war nur mit Perlenkettchen, einer roten Schärpe und etwas Glitzerzeug bedeckt.

Yester oder Concha hießen ihre fremden Geschöpfe. Von einer glutäugigen Schönheit konnte niemand Stimme oder Schauspielkunst erwarten. Auch ihre Tanzkunst wurde zeitweilig überschätzt, sie überzeugte vor allem durch ihre biegsame, anmutige Erscheinung.

Die Aufbauten ihrer Filme waren so phantasievoll und raffiniert wie ihre Posen. In *Truxa*, einem Film aus dem Zirkus- und Artistenmilieu, tanzte sie auf einem riesigen, von unten erleuchteten Tambourin. In *Es leuchten die Sterne* gelangen ihr so ephebenhafte Bewegungen, daß sie einen Ritter in seiner eisernen Rüstung zum Schmelzen brachte. Die Uraufführung ihres letzten Films *Stern von Rio* erlebte sie nicht mehr. Leichtgeschürzt wie in ihren Filmen mußte sie im eisigen Winter 1939/40 auf Truppenbetreuung gehen und starb danach an Lungenentzündung.

Porträt →

← La Jana in *Stern von Rio* (1940)

Rudolf Platte

Schrullige und komische Figuren mit Herz, Kodderschnauze und sozialen Konturen spielte der Urberliner aus dem Rheinland aus dem »Eff-eff«. Als der Film in den sechziger Jahren zur Klamotte verfiel, griff auch Rudolf Platte immer öfter auf sein schnoddriges Repertoire zurück und lieferte die begriffsstutzigen Pauker, quasselnden Hausmeister, tölpelhaften Detektive und den Vetter aus Dingsda routiniert, aber immer urkomisch ab. Er war und blieb im Nachkriegskino so populär, daß Filme mit ihm zum Dauerbrenner, zur »Langspiel-Platte« wurden. Als Spielball des Glücks, »Mädchen« für alles und geplagter Herr mit weißer Weste gab das komische Original des deutschen Films in seinen besten Momenten immer auch perfekte Studien von Charakterkomik.

Rudolf Platte in *Mamitschka* (1950) →

← *Die Junggesellenfalle* (1953)

Ihre Stimme klang spröde wie berstendes Glas, und ihr Haar glänzte golden in Prag, wenn wieder einmal das Schicksal zugeschlagen hatte. Denn unausweichlich zog sie die seelischen Konflikte an, aber der Blick aus ihren veilchenblauen Augen hielt stand – opferwillig, naiv und pflichtbewußt ging sie in den Freitod. Seen oder Moore blieben meist die letzten Orte, ihre Ehre zu retten. Weshalb sie im Volksmund auch die »Reichswasserleiche« hieß.

Die Elfe aus dem hohen Norden war die Jungfrau des reichsdeutschen Films. Denn, so absurd es auch erscheinen mag: Die Propagandisten hatten die Professorentochter aus Stockholm zum Idealbild der reinen Arierin auserkoren. Entsprechend wurde sie eingesetzt. Von *Jud Süß* bis *Kolberg* mußte sie in blutigen Melodramen treu auf dem Boden der deutschen Heimat stehen – oder in der Fremde sterben zur Strafe, weil sie die Tradition oder das Vaterland verraten hatte. So schwebte sie als Puppe über den Wassern, die todessüchtig nie über die eigene Pubertät hinauskam, um an den Enttäuschungen und Freuden des Lebens zur Frau zu reifen.

Veit Harlan hat sie entdeckt, geheiratet und in Szene gesetzt. Sein bekanntester Propagandafilm hieß *Jud Süß*, der zum Antisemitismus aufhetzte, und in dem die Söderbaum von einem Juden geschändet wurde.

Die Nachkriegsfilme der Söderbaum (wieder unter der Regie von Harlan, der nach dem Krieg von den Behörden in einem Prozeß freigesprochen wurde) konnten an die Erfolge von einst nicht mehr anknüpfen – doch dem Kinopublikum blieb sie als reine Unschuld im Gedächtnis.

← Kristina Söderbaum in *Jugend* (1938)

Er sah immer frisch und adrett aus, als würde er täglich in Sekt baden, und seine Stimme hatte ein helles Timbre. In Frack und Zylinder feierte er en suite »Hochzeitsnacht im Paradies«: als der unbestrittene Operettenkönig des deutschen Films. Seine besonderen Kennzeichen waren die dekorative Schmalzlocke, seine aufgekratzte Jungenhaftigkeit und der holländische Akzent. Dazu kam sein sprichwörtlicher Charme.

Als Jopie – wie ihn seine Freunde nennen – 1935 von der Berliner Operettenbühne zum Film wechselte, war sein Weg gemacht. Er wurde der Bonvivant und Frauenliebling des deutschen Musikfilms. Nie wieder gab es einen leidenschaftlicheren Graf Danilo oder einen schnittigeren Bettelstudenten. Zusammen mit Marika Rökk bildete Heesters von 1936 bis 1939 das rauschende Liebespaar des deutschen Revuefilms. Danach wurden andere Diven seine Partnerinnen – zu ungehemmt drängte die karrieresüchtige Rökk auf Platz eins der Besetzungsliste. Das brauchte sich der erfolgverwöhnte Schönling aus Amsterdam nicht gefallen zu lassen. Aber auch im Liebesglück mit Gusti Huber oder Lizzi Waldmüller war Heesters der Applaus des Publikums sicher.

Nach dem Zweiten Weltkrieg konnte er seine Karriere ohne Unterbrechung fortsetzen. 1954 schlüpfte er in eine der berühmtesten Willi-Forst-Rollen in einem Remake des *Bel ami*. 1961 fiel zwar für Heesters die letzte Klappe in Film, doch auf der Bühne machte er unverdrossen weiter, denn sein Lied »Man müßte Klavier spielen können« war immer wieder beliebt.

Porträt →

Sie tanzte, sang und sprang wie ein wild gewordener blonder Kobold durch die Operetten- und Revuefilme des deutschen Films. Feuer, Temperament, Leidenschaft hießen ihre Programmpunkte. Sie konnte achtzehn Pirouetten aus dem Stand drehen. Die Julischka aus Budapest, die hatte ein Herz aus Paprika, und wie es sich für einen Stern der Manege gehört, reichte ihr Repertoire vom Csárdás bis zum Step- und Bauchtanz. Auch Reiten, Radschlagen und andere Kunststücke ließ sie nicht aus.

Immer war sie das arme, verkannte Revuegirl, das sich durch schnöde Intrigen, Verwechslungen, Irrtümer zum Erfolg durchkämpfen muß. Doch der Triumph war ihr am Ende sicher wie auch der Kavalier an ihrer Seite. Wenn ein junger Mann kam, wußte sie, worauf's ankam. Sie hatte schon bei ein paar ungarischen Filmen gewirbelt, bis sie von der Ufa entdeckt und unter Vertrag genommen wurde.

Georg Jakoby war es, der als ihr Sponsor, Ehemann und Regisseur ihre Talente ins rechte Licht zu rücken wußte. Seine Filme waren immer auf Kis*-Marika zugeschnitten, sie stand im Mittelpunkt, und nur sie allein. Johannes Heesters gab es schließlich auf, mit ihr gemeinsam zu arbeiten, obwohl sie drei Filme lang ein prachtvolles Liebespaar abgegeben hatten. Rökk über Jacoby: »Ich war der rhythmische Motor, er der musikalische Teil.«

Ihr erster Film hieß *Heißes Blut* und wurde vom Berliner Publikum als kalter Kaffee abgetan. Doch der Erfolg kam, spätestens mit *Eine Nacht im Mai* waren die Filme von Jacoby/Rökk beim Publikum Zugnummern. In *Kora Terry*, einem Krimi aus dem Artistenmilieu, versuchte sich der Star auch schauspielerisch zu profilieren. Doch das war nicht ihre Stärke, über Augenrollen, Schmollen oder Grimassenschneiden kam sie nie hinaus, was aber ihrer Beliebtheit keinen Abbruch tat. Denn ihre Filme lebten vom Glanz der Oberfläche, von Lichteffekten, glitzernden Kleidern, Musik und Marikas niedlichem ungarischen Akzent, den sie nie vergaß. Und ihren Pirouetten.

* Kis: ungarisch »lieb«.

Porträt →

Porträt

Ilse Werner

Im Zweiten Weltkrieg übte sie musikalische Truppenbetreuung. Ihre Stimme aus dem Wehrmachtsrundfunkgerät, kombiniert mit ihrem Foto in den Unterständen, begleitete die Landser durch alle Kämpfe. Das deutsche »Pin-up«-Mädchen war natürlich eine Tochter aus gutem Hause und sammelte Zuneigungen trällernd, tanzend und schmissig pfeifend ein – nicht durch die Zurschaustellung ihrer körperlichen Vorzüge. Aber mit ihrer schlanken, knabenhaften Figur und dem heiteren, temperamentvollen Wesen vereinte sie auch die erotischen Sehnsüchte der männlichen Kriegsgeneration auf sich. Dem Frauen- und Starideal der Zeit entsprechend, energisch, schlagfertig und selbständig. Aber dennoch unbedingt kameradschaftlich treu – auch wenn ihr Herz immer Premiere hatte.

Ihre Blitzkarriere, die aus ihrer Mischung von Natürlichkeit, tänzerischer Anmut, musikalischer Begabung und unkomplizierter Liebesfähigkeit verständlich war, endete erst in den fünfziger Jahren. Da traf die »Lady Evergreen«, wie sie liebevoll genannt wurde, nicht mehr das neue, sentimentale Gefühl der Zeit.

Porträt

SIEGFRIED BREUER

Wo er auftauchte mit seiner wuchtigen Gestalt, waren die schönsten Frauen nicht weit. Sein dunkler Haarschnitt war immer gepflegt, die linke Augenbraue zog er höher als die rechte. Sein ironisch blitzender Blick traf meist ins Schwarze.

Das scharfgeschnittene Bärtchen auf der Oberlippe entlarvte ihn rechtzeitig: Breuer gehörte zu den Schwerenötern des deutschen Films, Herzensangelegenheiten waren seine Spezialität. Er arbeitete im klassischen Stil, mit Handkuß und feinsten Manieren. Dabei war er in der Wahl seiner Mittel nicht immer zimperlich. In *Romanze in Moll* trieb er als morbider Erpresser Marianne Hoppe in den Tod, als sie seinen Wünschen nicht gefügig war. Doch genauso oft verkörperte er liebenswürdige Charmeure, die die Dame ihrer Wahl auf Händen tragen, ihr jeden Wunsch von den Augen ablesen. Auch dabei blieb er nie ganz ohne Kalkül und Raffinement. Undurchsichtige Verführer lagen dem Star, der privat sechsmal verheiratet war, einfach mehr als brave Ehemänner.

Gustav Knuth in *2× Adam, 1× Eva* (1959)

Gustav Knuth

Wenn er den Mund aufmacht, scheint er immer Dialekt zu sprechen. Gutmütig, schlitzohrig und gewitzt, vermittelt Knuth das Urbild des Mannes aus dem Volk. Seine pfiffigen kleinen Augen bilden einen kuriosen Kontrast zu seiner massigen Gestalt und dem schwerfälligen Gang. Sein Schnauzer paßt zu ihm wie die Faust aufs Auge.

Schiffer lagen ihm, Proleten, Männer vom Rummelplatz. Er war ein Kerl mit Herz und Verstand. Und Witz obendrein.

Helmut Käutner verdankt er – nach eigenen Aussagen – sehr viel. Zu Knuths schönsten Filmen gehört *Unter den Brücken* (1943), eine poetische Dreiecksgeschichte im Binnenschiffermilieu.

Er konnte tapsig wirken, fröhlich oder komisch, spielte grimmige, traurige und ausgelassene Figuren. Aber nie kunstvoll stilisierte. Denn er war in der Komödie zu Hause – oder im populären Unterhaltungsfilm.

Paul Henckels in *Mamitschka* (1950)

Paul Henckels

Ein Musterknabe war er auf der Leinwand nie. Sein Kino-Wetterbericht las sich höchstenfalls »Heiter bis wolkig« (wie er seine Memoiren betitelte). Aber volkstümliche Typen spielte er allemal, Handwerker, Schulmeister, Apotheker, Leuchtturmwärter. Mit dem rheinischen Akzent seiner meckernden Stimme gelangen ihm vor allem auch die schnurrigen Käuze. Früh auch auf verknöcherte Beamte und Bürospießer festgelegt, wurde der von Henny Porten 1923 fürs Kino entdeckte Paul Henckels nur langsam liebenswürdiger und hielt sich später an Lords und ältere Charmeure. Aber eine Figur wie von Spitzweg blieb er.

Seine schmalen Lippen verrieten Willenskraft, sein Blick konnte funkeln wie ein Diamant. Hasse begründete seinen Filmruhm mit der Gestaltung der Macht; Könige, Minister oder russische Großfürsten waren sein Metier, besonders aber Soldaten. Die Uniform saß ihm wie angegossen, dabei war ihm jeder Dienstgrad recht, ob als Feldwebel *(Berliner Ballade)*, SS-Oberst (*Entscheidung vor Morgengrauen)* oder in seiner Glanzrolle als Admiral *Canaris*.

Canaris war der Chef der deutschen Abwehr und zugleich ein Mann des Widerstands. Er haßte das Regime und besonders die SS-Größen, blieb aber auf seinem subversiven Posten. Mit dem 20. Juli 1944 wurde auch er verhaftet und hingerichtet. O. E. Hasse spielte die komplexe, zwiespältige Rolle ruhig, gefaßt, voll innerer Konzentration, und überzeugte damit mehr als durch lauten Kommißton. Canaris wurde für ihn zu seinem großen Triumph.

Er hatte als Statist in dem Murnau-Film *Der letzte Mann* (1924) und auch in zahlreichen Vorkriegsfilmen mitgespielt, doch immer nur als Charge. Das schien sich nach 1945 fortzusetzen, bis er von Hitchcock nach Hollywood geholt wurde, wo er in *I Confess* (1953) ein paranoider Küster und Mörder war. Nun endlich »entdeckt« ihn auch der deutsche Film, wird er nach Canaris der Generalmajor der drei *08/15*-Filme, kann er als Reporter Hardy Krüger in *Alibi* vor einem Fehlurteil retten. Der Mann, der nach dem Krieg Berlins prominentester Theaterstar war, wurde nun fünfzigjährig noch zum Filmstar.

← Mit Wolfgang Preis und Adrian Hoven in *Canaris* (1954)

O. E. Hasse in *Canaris* →

Der deutsche Film hat auch seine englische Lady – voller Charme und Esprit plaudert sie, als wäre das Leben eine Party am offenen Kamin. Ihr Mund ist groß, aber das Persönchen zierlich; die Stimme honigweich, der Tonfall distinguiert, zeigt sie bei einem gewissen Lächeln eine Reihe blitzender Zähne. Überrascht werden die Herren der Schöpfung durch ihren trockenen britischen Humor, der einen reizvollen Kontrast zu ihrem exotischen Typ bildet, hinter dem man eher eine Südländerin vermuten würde.

Sie begeisterte einst ihr Publikum als schicke Zirkusreiterin, sang »O mein Papa« und endete mit Ehemann Rex Harrison im *Himmelbett*. Der Herr war ebenfalls Brite, wie es sich gehört.

Sie ist eine Frau, die ihr Geheimnis nie ganz preisgibt, und so bleiben auch ihre Wandlungen unvorhersehbar. Großbürgerlich und weltoffen, ist sie mit ihrem hochentwickelten Sensorium empfänglich für feinste Seelenregungen. Und doch kann im Handumdrehen die kalte Schlange in ihr zum Vorschein kommen, wenn sie einen Kerl wie Curd Jürgens als *Teufel in Seide* berechnend und raffiniert um den Finger wickelt.

Lilli Palmer ging 1933 in die Emigration nach England, spielte dort Theater und im Film unter Hitchcock und kehrte als Hollywoodstar 1954 nach Deutschland zurück, im Gegensatz zum Vamp Marlene, der mit diesem Land nichts mehr zu tun haben wollte. Die Palmer heiratete in zweiter Ehe Carlos Thompson und bereicherte den deutschen Film in West und Ost um eindringliche bürgerliche Frauengestalten.

← Lilli Palmer in *Eine Frau, die weiß was sie will* (1957)

Das große Liebesspiel (1963) →

Lange sah es so aus, als bliebe er der schönste Nebendarsteller des deutschen Films, der immer wieder mal als preußischer Leutnant eben durchs Bild gehen durfte. Dann wurde aus ihm doch noch jener hünenhafte Mensch und Sexprotz, den BB den »normannischen Kleiderschrank« taufte: der Hans Albers des Nachkriegsfilms, weniger proletenhaft, dafür mit großen Herren-Allüren. Oder »der elegante Weltmann, dem Damen ein Kraftwort verzeihen ... der Männer spielen wollte, richtige Kerle«, wie er selbst es sah.

In dem Willi-Forst-Film *Kaiserwalzer* (1935) spielte er seine erste Charge als Kaiser Franz Joseph – erst zwanzig Jahre später hatte er als *Des Teufels General* (1955) eine wirkliche Hauptrolle. Die Interpretation dieses vom Gewissen geplagten Nazi-Offiziers brachte ihm dann aber auch den großen Erfolg und den endgültigen Durchbruch. Jetzt spielte er nicht nur den brutal-dumpfen Zuhälter Bruno Mechelke in der modernen Hauptmann-Version der *Ratten*, der das Berliner Festspielpublikum hinriß, das Jahr 1955 katapultierte ihn gleich in die Umlaufbahn der internationalen Stars. Neben Größen wie Yves Montand, Robert Mitchum oder Brigitte Bardot konnte er nun ungehindert seine Personality-Show abziehen. Jürgens wurde endgültig der kantige deutsche Landsknecht: Schinderhannes, Salonlöwe und Wikinger in einem, ein Snob und Macho, der seine Verletztlichkeit hinter einem Panzer aus Arroganz und Männlichkeit versteckte.

Dazu besaß er die seltene Gabe, sein Leben im weißen Rolls Royce, mit Champagner-Partys, fünf Ehefrauen und zahllosen Skandalen öffentlich zu machen und es dennoch in vollen Zügen zu genießen.

Er war der erste deutsche Weltstar des Nachkriegsfilms – und auch der letzte.

← Curd Jürgens in *Schinderhannes* (1958)

Mit Eva Bartok in *Meines Vaters Pferde* (1953)
↓

Des Teufels General (1955) →

Sie wurde der erste Star des Nachkriegsfilms. Schlankgehungert, groß und blond, entsprach sie dem neuen Frauenideal, leuchtete ihr Stern kurz und hell am deutschen Filmhimmel auf. Sie kam daher wie ein frischer Morgen, ein junges Ding mit schmalem Gesicht, großen grünen Augen und rauchiger Stimme. Was ihr fehlte, empfand man nicht als Mangel: die Innerlichkeit und Tragik der Diven von früher, die immer ins Wasser mußten. Doch dann fiel sie schnell ins andere Extrem, wurde sie rotgeschminkt, mit langen Wimpern klimpernd, die Verruchte; die am Traum von Hollywood scheiterte.

Für einige Filmjahre war Hilde Knef begehrenswert wie keine zweite, blutjung und doch eine reife Frau, ein Fräuleinwunder und Juwel, das der Krieg auf wunderbare Weise verschont hatte. Geliebt vom großen Publikum und jenen Helden, die einst die strahlenden Liebhaber des deutschen Films waren, Hans Söhnker und Gustav Fröhlich, fand in ihren Filmen sogar der Versuch der Vergangenheitsbewältigung statt: *Die Mörder sind unter uns* (1946) hieß der erste Streifen, ein klassischer Trümmerfilm. Und die Knef schien als Verbindung *Zwischen gestern und morgen*, wie ihr zweiter Film hieß, das Versprechen einer neuen Zeit.

Dann ging sie nach Amerika – und der Traum war aus. Zwar erregte sie noch einmal Aufsehen als *Sünderin* (1951) und Dirne, die *Nachts auf den Straßen* unterwegs war mit Hans Albers, doch ihre Triumphe feierte sie am Broadway mit »Silk Stockings«, der Musical-Version des Garbo-Klassikers »Ninotschka«, und als sie zurückkam, 1956, ging ihr zweiter Start bei der Ufa ganz daneben.

Sie spielte weiter auf der Leinwand, doch ihre Karriere fand im Chanson statt und in ihrer eigenen Schreibe. »Eins und eins« hallte ihre Altstimme durch den Äther, ehe sie sich das Gesicht liften ließ, um den Traum von der ewigen Jugend zu Ende zu träumen.

← *Die Mörder sind unter uns* (1946)

Hildegard Knef in *Die Sünderin* (1951)

Sein Stern ging auf, als er den blonden Sonnyboy des deutschen Nachkriegsfilms spielte. Da konnte er offen und sympathisch lachen und jungenhaft schüchtern, aber doch mit spitzbübischem Charme den Damen den Hof machen. Doch irgendwann wollte er nicht mehr der nette Junge von nebenan sein, nahm der eigentliche Hardy Krüger Gestalt an, gab er sich zu erkennen als einer von der skeptischen Nachkriegsgeneration – sensibel, wachsam und mißtrauisch. Und als er in Filmen wie *Schön muß man sein* (1951) nicht mehr mitspielen wollte, bekam er auch gleich Ärger mit der Branche. Schnell war er als schwierig und aufsässig verschrieen.

Seine Karriere schien plötzlich am toten Punkt. Zwar fiel noch etwas Glanz auf ihn als Beschützer des Urwald-Nackedeis Marion Michael in *Liane*, doch Problem-Krimis wie *Alibi* entsprachen mehr seinem Typ. Schließlich kehrte Hardy Krüger, der in Montgomery Clift sein widerspenstiges Vorbild sah, dem deutschen Film radikal den Rücken. 1957 startete er mit dem englischen Streifen *Einer kam durch* seine zweite Laufbahn. Als der verquere Held in der Fremde, der durchaus auch Draufgänger spielen konnte, die sich durch jede Situation boxen, mauserte sich Krüger zu einem Star des internationalen Films. Howard Hawks setzte den weltmännischen Blondschopf erfolgreich neben John Wayne in *Hatari* ein, Stanley Kubrick holte ihn für *Barry Lyndon*. Das Abenteuer wurde sein Alltag. Daneben unterstrich Krüger als Kurzfilmregisseur und Romanautor seine Vielseitigkeit.

← Hardy Krüger in *Der Flug des Phönix* (1965)

Schön muß man sein (1951) →

»Ich möchte nicht immer schneeweiß und Marzipan sein«, bekannte sie nach ihrem großen Filmerfolg *Schwarzwaldmädel*. »Außerdem, so'n deutscher Typ bin ich gar nicht.« Aber sie mußte beides bleiben: deutsches Marzipan, obwohl sie später auch Ausbruchsversuche wagte und eigentlich, bei genauem Hinsehen, auch einen ungarischen Einschlag hatte. Ein Star des deutschen Kinos, besonders der fünfziger Jahre, blieb sie jedoch als »Schwarzwaldmädel« oder als bezaubernd naive Tänzerin auf Opern- und Operettenbällen, die den Herren den Kopf verdreht und deren einziges Problem ist, daß sie nicht alle heiraten kann. Nach dem Erfolg von *Hollandmädel* (1953) bat sie: »Keine Schnulzen mehr!«, aber erst als »Sonnie«, wie Kollegen den herzerfrischenden Star nannten, während der Dreharbeiten zu dem deutsch-polnischen Film *Der achte Wochentag* (1950) ihren zweiten Ehemann, den polnischen Schriftsteller Marek Hlasko kennenlernte, konnte das Publikum auch »die andere«, reifere Ziemann bewundern. Bis dahin sah man die süße Sonnie auf der Leinwand vor allem an der Seite von Rudolf Prack, mit dem sie das Traumtandem des deutschen Heimatfilms bildete. Hier, auf grüner Heide und am Brunnen vor dem Tore wirkte sie so volksliedhaft schlicht und frisch ausgelüftet, so treuherzig erotisch und sympathisch frech, daß sie den Auf-Regen-folgt-Sonne-Typ ideal verkörperte.

Mit Rudolf Prack in *Dany, bitte schreiben Sie* (1956) →

← Porträt

Rudolf Prack

Er war der Kavalier der alten Schule, Reichsgraf, Chef oder Oberförster – in jedem Fall ein stattlicher Herr, in dessen Hände jede Frau ihr Schicksal gerne legt. Auch wenn er mal einem anderen Mädel nachschaut oder auf der grünen Heide mit einer lustwandelt, bleibt er doch seinem Schwarzwaldmädel treu. Prack war in allen Genres zu Hause, im schweren Melodram wie in der leichten Lovestory, Schnulze inbegriffen. In ihm verband sich knorriges Naturburschentum mit seriöser Eleganz, die nichts Dandyhaftes an sich hatte. Sie wurde vielmehr getragen von der überlegenen Haltung eines in sich ruhenden Charakters.

Dabei kam er erst spät zum Film, Ende der dreißiger Jahre, und da ballerte er zunächst als Wilddieb herum. Doch er sattelte schnell um, denn Uniformen standen ihm ausgezeichnet, und auch als k.u.k.-Offizier brachte er so manches Mädchenauge zum Glänzen. Sein Geheimnis bleibt, wie er es schaffte, in wenigen Jahren zum begehrten Filmliebhaber aufzusteigen und dieses Image nach dem Weltkrieg sogar noch zu festigen, als er zum Schwarm einer ganzen Teenagergeneration wurde. Dies ereignete sich, als der alterslos wirkende Star mit der jugendlich blitzsauberen Sonja Ziemann das erste traumhafte Liebespaar des neuen Heimatfilms bildete. Prack: »Das oberste Gesetz für einen Schauspieler ist es, dem Publikum Freude zu bereiten, danach richte ich mich.« Am besten gelang ihm dies mit dem Schwarzwaldmädel »Bärbele« Ziemann. Später versuchte er sich im Charakterfach und – gegen sein Image – sogar im Neuen Deutschen Film. Die schönsten Tage vom hohen Tann kamen jedoch nie wieder.

Mit Paula Wessely in *Kronprinz Rudolfs letzte Liebe* (1956) →

← Porträt

← Lilo Pulver in *Buddenbrooks, 1. Teil* (1959)

Lilo Pulver

Sie war die Spukschloß-Komtesse des deutschen Nachkriegsfilms, verspielt und mit Schalk im Blick ließ sie die Männer gern an der langen Leine zappeln. So stand sie mit ihrer aparten Stupsnase und ihrem scheinbar naiven Auftritt jede *Zürcher Verlobung* bis zum Happy-End durch. Denn was ihre Partner, ahnungslos wie sie waren, nicht wußten, aber sie selbst und das Publikum: Lilo Pulver war mit einer beträchtlichen Portion Witz und Intelligenz ausgestattet, und die verstand sie auch einzusetzen. Ihr Erfolg begann mit *Ich denke oft an Piroschka*, danach war sie aus dem gehobenen Unterhaltungsfilm der fünfziger Jahre nicht mehr wegzudenken. Gemessen an der Anzahl der Autogrammwünsche stand sie in der Beliebtheitsskala ganz weit oben. Ihre Figuren bewegten sich am Rande des bürgerlich Alltäglichen, ohne daß sie je zum biederen Heimchen am Herd abrutschten.

Die flotte Bernerin kokettierte gern mit ihrer angeblich mangelnden erotischen Ausstrahlung: »Ich hab eben keinen Sex. Vielleicht interessieren sich die Leute mehr für meinen Durchschnittstyp als für irrsinnig schöne Frauen und Superweiber.« Angeblich gab sie ihren Wunsch, endlich in Hollywood zu spielen, beim Anblick von Anita Ekberg in Rom auf.

Porträt →

Hilde Krahl

Erotische Filmromanzen machten sie berühmt. Ihre spröde Schönheit war die Antwort auf die lieblichen Blondinen des Kinos, denen allerdings der Erfolg leichter zufiel. Sie dagegen war immer absolut, wahrhaft liebend oder leidend, auch wenn sie als »Femme fatale« über die Männer hereinbrach. Immer glaubwürdig in ihren Gefühlen und auch im schauspielerischen Ausdruck auf der Leinwand. Deshalb spielte sie am besten die herben Frauen, die mit klarem Herzen und heißem Verstand gegen das undeutliche Leben ankämpfen.

Auch heute noch, in bezaubernder Altersjugendlichkeit, ist die liebenswerte Frau und genaue Schauspielerin eine Botschafterin der ernsthaften Kinoträume in der Glitzerwelt des Scheins.

Adrian Hoven

Als schwarzhaariger, blauäugiger Sonnyboy war dieser nette Kerl von nebenan Liebling aller weiblichen Kinofans der Nachkriegszeit zwischen Wiederaufbau und Wiederbewaffnung. Der *Herzkönig* (sein Film mit der ersten kleinen Rolle, 1947) trat frisch wie ein Naturbursche aus Tirol, der er auch war, auf die Leinwand und liebte oder heiratsschwindelte sich durch das bunte Unterhaltungskintopp.

Mit seinem lässigen Charme und den unangestrengten Manieren machte er gute Figur auch im seichten Kinospiel und beeindruckte durch seine Präsenz später die Regisseure des Neuen Deutschen Kinos, bei denen Hoven, der inzwischen kein »Firlefanz-Bubi« (wie er selbst es nannte) mehr sein wollte, mehrere schwergewichtige Rollen spielte.

Adrian Hoven in *Ja ja, so ist das mit der Liebe* (1956) →

← *Ich tanze mit dir in den Himmel hinein* (1952)

Seine Ausflüge ins Heitere schockierten seine Bewunderer. Mit Frauenkleidern in *Fanfaren der Liebe*, so heiß mochten's manche nicht. Aber sein Kaplansgesicht in *Nachtwache* – da hatte er alles, was 1949 gesucht wurde. Das Bedürfnis nach Besserem, Anständigem, nach Herzenskraft und besonnener Güte.

Über Nacht wurde der Borsche dieser Tugenden zum populärsten Filmstar des Wirtschaftswunder-Kinos. Er blieb es lange. Und obwohl er sehr unterschiedliche Rollen spielte, Killer, Ärzte, Päpste, Generale, blieb seine unvergleichlich präzis umrissene Gestalt in nobler Umgebung die gleiche. Immer mit steifer Würde, eckig, distanziert, seine äußere Erscheinung ein seltsamer Gegensatz zu der weichen, warmen Stimme, die mit verhaltenen Untertönen Fragen aufwarf, die seine ruckartigen Exerzierstockbewegungen zu widerlegen schienen. Er blieb die Trostfigur und die *Königliche Hoheit* unter den Leinwandstars, auch dann noch, als er selbst den »Soft-Engel mit den sentimentalen Triefaugen«, wie er es ausdrückte, nicht mehr spielen wollte.

Dieter Borsche in *Königliche Hoheit* (1953) →

↓ Mit Maria Schell in *Dr. Holl* (1951)

Maria Schell

Im Nachkriegsfilm der fünfziger Jahre, voll von Romantik aus dem Herrensitzmilieu, verkörperte sie das von innen heraus strahlende »Seelchen« standardisierter Kino-Schnulzen. »Keiner weint so schön und schnell wie im Film Maria Schell« – dieser Reim aus dem Volksmund charakterisierte treffend den Umfang der Tränenspende, die der mattblonde Star auf der Leinwand leistete. Beim Publikum jedenfalls, das nach einem entbehrungsreichen Krieg völlig entnervt in die Kinos ging, kamen ihre weinerlichen Auftritte am Arm loden- oder arztkittelbewehrter Männer wie Dieter Borsche und O. W. Fischer widerstandslos an.

Dabei ist Maria Schell eine kluge, moderne und zähe Frau. Und wenn große Regisseure sie forderten, erwies sie sich auch als äußerst vielseitige Schauspielerin. Wolfgang Staudte verlangte ihr ganzes Talent als *Rose Berndt* (1956), und Luchino Visconti enthüllte in *Le Notte bianche / Weiße Nächte* (1958) die herbe Seite des Stars mit der überwältigenden Strahltechnik. Und als alternde Mutter des Gigolos überzeugte sie 1978 in *Schöner Gigolo, armer Gigolo*, einem großangelegten Film, der nur durch ihren Auftritt erwähnenswert bleibt.

Cannes hatte 1954 die Augen Romeos für sie und zeichnete sie als beste Darstellerin in *Die letzte Brücke* aus, und René Clément zeigte in *Gervaise* (1956), wohin ihre Karriere in den besten Phasen führen sollte. Aber in der deutschen Filmlandschaft, die mit erbarmungslosem Happy-End, sympathischen, aber trostlosen Helden, viel Heimat, Getier, Sangesgut und dröhnendem Humor ihr Heil an der Kasse suchte, hatte die Schweizerin aus Wien wenig Entfaltungschancen. Sie zog sich nach 1962 weitgehend von der deutschsprachigen Leinwand zurück und betrachtete in ihrem schönen Haus zusammen mit ihrem zweiten Ehemann Veit Relin das Rudel ihrer bis dahin nicht unverdienten sechs »Bambis«.

Maria Schell mit Tilla Durieux in *Die letzte Brücke* (1954) →

← Porträt

Mit der hohen Stirn und dem Grübchen am Kinn war er nicht nur das Originalgenie, für das er sich hielt, sondern auch der große Liebhaber des deutschen Films. Die Mädchen gaben ihm recht, als Teenagerschwarm stand er ganz oben, noch vor Dieter Borsche und Curd Jürgens.

Den überdrehten Wiener Schmäh beherrschte er perfekt, die Andeutungen und feinen Extravaganzen. Diese nasale, nuschelnde Stimme hatte nur er, der ganz salopp daherkam, einfach, forsch, um zu überspielen, wie unendlich schwierig er war. Wie feingeistig er dachte, wie subtil. Denn seine Arroganz konnte er nur schwer verbergen. Er war ambitioniert, vielseitig, sah sich selbst als Bürgerschreck.

Zuerst spielte er nur Theater, von einem 35-Sekunden-Auftritt in dem Film *Burgtheater* (1936) abgesehen, dann wurde er ein Luftikus und jugendlicher Liebhaber im österreichischen Film; das war in den vierziger Jahren. Im deutschen Nachkriegsfilm stand er dann plötzlich ganz oben, wurde er »die bessere Hälfte des deutschen Liebespaares« (O. W. Fischer), küßte er die Leander, Hatheyer, Knef und Leuwerik. Gemeinsam mit Maria Schell bildete er für ein Jahrzehnt das »ideale deutsche Liebespaar«: Zwei schöne Menschen, verliebt, glücklich, von ein paar Schicksalsschlägen heimgesucht, um romantische Stimmung aufkommen zu lassen und die Handlung in Schwung zu halten.

In den späten Fünfzigern wandelte sich O. W. Fischer endgültig vom glatten Herzensbrecher zum schweren Charakterhelden. Als Arzt, König, Priester und Hellseher verließ er den leichten Unterhaltungfilm, um tiefere, profunde Proben seiner Schauspielkunst abzuliefern. Dabei achtete er peinlichst darauf, daß auch seine negativsten Figuren wie z. B. *Hanussen,* seine Verbrecher und Wahnsinnigen wie im Grunde sympathische Irre aussahen. 1957, auf dem Gipfel seiner Popularität, wagte er den Sprung nach Hollywood, erlitt jedoch Schiffbruch. Er begriff schnell, daß Amerika nicht sein Land war, kehrte zurück und setzte im Wirtschaftwunderland seiner Karriere neue Glanzlichter auf.

Porträt →

Ruth Leuwerik

Die First Lady des deutschen Films war nie in Skandale und Affären verwickelt. Als Leinwandkönigin der 50er Jahre schritt sie an der Seite von Dieter Borsche und O. W. Fischer charakterfest und von beseelter Persönlichkeit durch Schicksale und Filmlandschaften. Sie war so kultiviert, ansehnlich und gediegen, daß ihr die Baroninnen, Kaiserinnen, Königinnen und Diplomatengattinnen am besten standen. Aufschlußreich waren auch ihre dünnhäutigen bürgerlichen Leinwandfiguren, die sie nicht zuletzt durch eine affektierte, nuancenreiche Sprechtechnik in ihren emotionalen Gefährdungen plausibel machte: als Idealtyp von Frau und Mutter, der in Fürsorge und Selbstaufgabe sein Heil sucht und nicht findet.

Ruth Leuwerik, die in zweiter Ehe mit dem Sänger Dietrich Fischer-Dieskau verheiratet war, legt auch heute in ihrem Haus mit Pastorengarten in München noch nicht die Hände in den Schoß. Aber auf das Schauspielen, obwohl sie es selbst für Selbstverwirklichung hält, gibt sie nichts mehr.

Mit O. W. Fischer in *Ein Herz spielt falsch* (1953) →

← Ruth Leuwerik in *Die goldene Brücke* (1956)

MENTON EXPORTA

Peter van Eyck

Er war der Weltenbummler des deutschen Nachkriegsfilms, überall zu Hause und doch ein Fremder in jedem Land. »Den Mann von nirgendwo«, nannten ihn die Franzosen. Berühmt wurde er durch seine Kaltschnäuzigkeit und den weizenblonden Bürstenhaarschnitt in *Lohn der Angst* (1952). »Superwasserstoff war mein Haarwasser«, behauptete der von Natur aus dunkelhaarige Star mit der heiseren Stimme, in der das S stimmhaft und böse zischte wie eine Viper. Er verkörperte Helden von zweifelhaftem Ruf in Geschichten mit ungewissem Ausgang, Edelganoven von einer gewissen weltläufigen Eleganz. Korrupte Figuren, die seltsame Geschäfte trieben und schöne Frauen in ihr undurchsichtiges Spiel mit hineinzogen. Doch meist waren es vollbusige Blondinen oder Mädchen mit Vergangenheit, die wußten, worauf sie sich einließen.

Peter van Eyck zählt zu den wenigen deutschen Filmstars, die nie auf dem Theater auftraten. Seine Lebensgeschichte liest sich wie ein Abenteuerfilm, in dem er selbst die Hauptrolle spielt. Der Gutsbesitzersohn aus Pommern sollte Offizier werden, studierte aber Musik, riß von zu Hause aus und landete nach langen Irrfahrten als Pianist in einer Bar am Broadway; später verdiente er sich seine Brötchen in Amerika als Lastwagenfahrer, kam nach Hollywood und wurde von Billy Wilder für den Film entdeckt. In dem amerikanischen Spionagefilm *Five Grades to Cairo* spielte van Eyck einen deutschen Offizier, einige Jahre später dann in dem deutschen Streifen *Hallo, Fräulein* einen amerikanischen Captain. Ehe er als Lastwagenfahrer in *Lohn der Angst* samt einer Ladung Dynamit in die Luft flog, zog er es vor, sich noch einmal fein zu rasieren. Van Eyck über das Kino: »Theater ist eine Frage der Kunst, Film eine Frage der Personality.«

← Peter van Eyck in *Lohn der Angst* (1953)

Gert Fröbe

Einst kannte man ihn als Otto Normalverbraucher, ein spindeldürres Bürschchen, dem der Anzug um die Knie flatterte. Doch aus diesem Symbol der Kriegsniederlage wurde der Koloß des deutschen Films, das Unikum, der Erzkomödiant – als lebendige Verkörperung des Wirtschaftswunders mit allem, was danach kam: Geldschrankknacker, Spießer, Triebtäter. Der Sachse Fröbe entwickelte sich vom Kleinkünstler in Günter Neumanns *Berliner Ballade* (1948) zum schwergewichtigen Charakterstar des Nachkriegsfilms, Doktor Mabuse und Räuber Hotzenplotz in einem.

Er ist ein Darsteller von so urwüchsiger Vitalität, daß ihm weder die Spaßvögel noch die Schurken zum Klischee verkommen – Fröbe macht aus jeder Charge eine Hauptrolle. Das war für ihn auch bitter nötig, denn jahrelang speiste man ihn beim deutschen Film mit mickrigen Nebenrollen ab, bis er endlich in einem französischen Reißer (*Die Helden sind müde*) sein außergewöhnliches Talent unter Beweis stellen konnte.

Danach war der Bann gebrochen, und Fröbe konnte sich daran machen, das Erbe von Lorre und Jannings gleichzeitig zu verwalten: Ob als Killer, Komiker oder Generaldirektor, ob als Kraftkerl oder Weichling, Fröbe brillierte immer als Mann mit den tausend Gesichtern. In seiner internationalen Karriere repräsentiert er den Deutschen im Weltkino, gutmütig, häßlich und auch verschlagen, so kulminieren alle seine Rollen in einer Gestalt, als James-Bond-Gegenspieler und lächelndes Ungeheuer *Goldfinger*.

← Gert Fröbe in *Heute kündigt mir mein Mann* (1963)

Nadja Tiller

Mal blond, mal schwarzhaarig, so tingelte sie über die Leinwand und erweckte schlampige Salonschlangen zu illustrem Leben. Und die verworfenen Geschöpfe der ehemaligen »Miß Austria« waren nicht von Pappe; sie zeigten Figur und Beine und drehten meist die dunkle Zigarettenspitze gelangweilt zwischen den Fingern. Ihre Stimme klang belegt, als käme sie geradewegs aus einer verrauchten Nachtbar, und ihre Blicke musterten die Männer frech und nicht selten mit ironischem Augenzwinkern.

Aber irgendwie schienen diese verlotterten Luxusweiber immer eine Umdrehung zu durchtrieben und triebhaft. Nadja Tiller: »Ich mußte große Hüte tragen und mich so benehmen, wie sich – außer im deutschen Film – kein Vamp benimmt.« Wohlgemerkt, es handelte sich dabei um den deutschen Film der fünfziger Jahre, in dem ein Film wie *Das Mädchen Rosemarie* zum öffentlichen Skandal werden konnte. Aber die Tiller war als Edelnutte Nitribitt ein Knüller, die Leute standen sich die Beine in den Leib an den Kinokassen. Nur die bayerischen Kinobesitzer wollten den Film boykottieren, und die Regierung gab sich prüde – sie versuchte vergeblich, die Aufführung der Politsatire auf dem Festival von Venedig zu unterbinden. Der Film schilderte nicht nur auf amüsante Weise die heillose Verquickung von Macht und Prostitution, er kehrte zugleich in einem Klima von Heuchelei die schmutzige Kehrseite des Wirtschaftswunderlandes hervor. Das löste Entrüstung aus und gefiel dem Publikum.

Nadja Tiller katapultierte der Film endgültig unter die weiblichen Spitzenstars. Dort hielt sie sich auch eine Weile und versuchte sich weiter mit Hochstaplerinnen, Gangsterbräuten und anderen Lustobjekten. Zwischendurch bot sie auch ernsthafte Charakterstudien in Filmen wie *Fuhrmann Henschel* oder *Labyrinth der Leidenschaft*.

Nadja Tiller in *Das Mädchen Rosemarie* (1958) →

← *Das große Liebesspiel* (1963)

Als faxenschneidender Blödel vom Dienst gehörte er zum Inventar des Fünfziger-Jahre-Kinos. Giller war der ewige Pennäler des deutschen Nachkriegsfilms; skurril, kauzig, mit quergefurchter Denkerstirn und quäkender Stimme ähnelten sich seine Figuren wie ein Ei dem anderen. »Flegelrollen« hieß das in jenen Tagen, das leichte Fach war sein hartes Geschäft, man wollte das Publikum unterhalten und die Vergangenheit vergessen. Giller schnitt seine Grimassen dazu. Doch die Typen blieben immer in der Klamotte stecken, waren selten rund und dicht genug, um wirklichen Humor aufkommen zu lassen.

Sein Filmdebüt gab er in Käutners *Artistenblut* (1949). Danach lieferte der pfiffige Junge von nebenan in über fünfzig Unterhaltungsfilmen Proben seiner Schlagfertigkeit. Sein Rollenfach brachte es mit sich, daß er zwar tragende Parts, aber selten Hauptrollen zu spielen hatte. Trotzdem bekam auch er das Mädchen, denn diese Filme endeten gern mit einer Doppelhochzeit.

Man hat ihn zwischendurch als Heinz-Rühmann-Nachfolger gehandelt, doch als er in einer Neuverfilmung der *Feuerzangenbowle* (1970) in die Figur seines Vorgängers schlüpfte, wurde doch deutlich, daß sie eine Nummer zu groß für ihn war.

← Walter Giller in *Der schräge Otto* (1956)

Rosen für den Staatsanwalt (1959) →

Er hatte nie eine einzige Stunde Schauspielunterricht, spielte Männer- und Frauenrollen wahllos durcheinander und erregte im Nachkriegs-Berlin mit avantgardistischen Erfolgen auf der Bühne und Skandalen im Privatleben die geilen Gemüter. Seine Auftritte, Tourneen und Rezitationsabende waren begleitet von Ruhestörungen und Rumor. Aber er war Cocteaus »menschliche Stimme«, und seit er seine Filmkarriere (in *Morituri*, 1948) begann, wird kein Kinogänger, der ihn je sah, dieses aufgewühlte Gesicht mit dem zitternden Mund und den feuchten Augen wieder los.

In Deutschland war der besessene Bürgerschreck, Ekstatiker und Erotomane schnell als »Killer vom Dienst« abgestempelt. Deshalb ging er 1965 nach Italien, stampfte dort durch die blutdampfende Szene von Italo-Western, die er erklärtermaßen nur der Gagen wegen abdrehte und begann danach eine Weltkarriere, die bis heute andauert.

Klaus Kinski, Enfant terrible und Wunderkind, hat alles, was ihn selbst ausmacht, in seine Rollen gesteckt. »Ich habe«, sagte er, »aus meinen Lebenserfahrungen eine Lebensregel geformt: das Gehirn muß immer kühler, das Herz immer heißer werden.« Nach diesem Motto handeln seine Leinwandgestalten alle, als Verbrecher oder Kopfgeldjäger, Abenteurer oder Legionäre, Prinzen oder Leutnants, Aguirre, Nosferatu, Fitzcarraldo. Wenn Kinski, dieser geniale Amokläufer, sich in sie verwandelt, erschüttern sie jeden.

*

»Sein Antlitz ist so jung wie das eines Kindes, und seine Augen sind ganz alt – beides zur gleichen Zeit – und im nächsten Augenblick ist es umgekehrt. Ich habe noch nie so ein Gesicht gesehen.«

Jean Cocteau

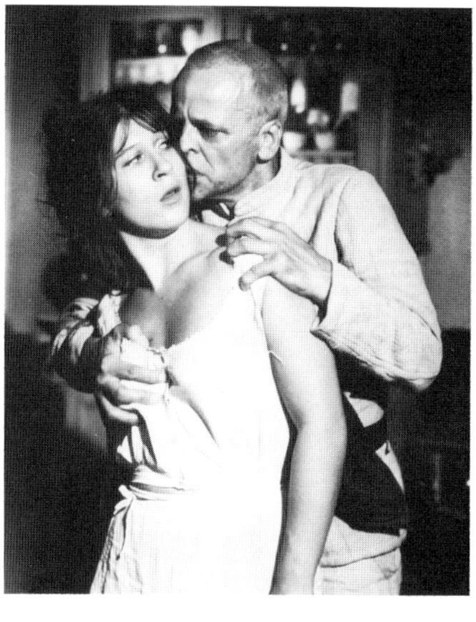

← Mit Eva Mattes in *Woyzeck* (1979)

Klaus Kinski in *Das Rätsel der roten Orchidee* (1961) →

Als Rebell im Rollkragenpullover trat das Kellerkind aus dem Ostberliner Arbeiterviertel Weißensee in *Die Halbstarken* 1956 auf die Leinwand. Mit seiner »plebejischen« Körpersprache und dem verächtlichen Zucken um die Mundwinkel ein James Dean aus Berlin, der auch an solchen Kino-Kollegen wie »Monty« Clift und Zbigniew Cybulski gemessen wurde. Und wenn er seine Talente bändigte, hielt er dem Vergleich durchaus stand, besaß etwas Milieuechtes und Unverwechselbares, das nur Schauspieler haben, die »aus der Hefe« kommen.

Als man ihn in Filmrollen des gehobenen Mittelstandes verpflanzte, aus dem Proleten ein Dandy wurde, verlor er viel von seiner ursprünglichen Ausstrahlung, gewann aber an internationaler Salonfähigkeit. Und auch an komödiantischer Begabung. Mit seinem überschäumenden Spieltalent kann Horst Buchholz Situationskomik intelligent und schillernd wie ein Feuerwerk abbrennen lassen. Das – und seine blendende Erscheinung – nutzten die westeuropäischen und nordamerikanischen Besetzungsexperten seit 1960 für Filmhauptrollen, in denen Buchholz zum Weltstar aufrückte. Daß der reisende Star seitdem auf der ganzen Welt dreht, verstärkt seinen abenteuernden, wilden Zug, den er in Gesicht, Mimik und Gestik seit seinen Rebellentagen nicht verloren hat.

Porträt →

↓ Horst Buchholz in *Das Totenschiff* (1959)

Sie machte zuerst als Prinzessin von sich reden und entpuppte sich dann als extravagante Französin. Doch ihre besonderen Reize lagen gerade darin, daß sie trotz ihres romanischen Flairs ihr deutsches Sentiment nie ganz verleugnen konnte. Doch die herzige Sissi mit den geflochtenen Zöpfen und dem Lachen, das die Kinderzähne freilegte, hatte ihre Rolle irgendwann satt. »Sie hing mir wie ein Kaiserschmarrn am Bein.« Also bestellte sie sich eine Kollektion hübscher Lippenstifte und enger Pullover und verwandelte sich über Nacht in die Halbzarte. Frivol küßte sie Horst Buchholz am Montparnasse, und als auch noch Alain Delon des Weges kam – ihr Film hieß *Christine* nach Schnitzlers »Liebelei« –, war es um die eiserne Jungfrau des deutschen Films geschehen.

Sie filmte von nun an in Rom und Paris, spielte die Mondäne, die Luxusdirne oder eine Frau mit Vergangenheit, die sich zwischen zwei Männern nicht entscheiden kann. Ihr Blick wurde dabei offener, ihre Gesten entschiedener, denn alles, was ihr der deutsche Film nie bieten konnte, gab ihr nun der französische: die Chance, sich freizuspielen, als Frau ernstgenommen zu werden, zu reifen. Als Schauspielerin und als »Femme fatale«. Sie war ein Mensch, »dem man die Haut bei lebendigem Leib abgezogen hatte« (Michel Piccoli), und sie spielte alles, nur keine Durchschnittsfrauen.

So sah man sie zwar noch im deutschen Kinopalast, aber nur noch an der Seite von Delon, Montand oder Trintignant. Sie war eine schicke Pariserin geworden, mit dem skeptischen Blick einer Frau von heute und dem strahlenden Oberflächenglanz einer anderen neuen Romy. Am meisten mit sich identisch schien sie in den Filmen von Claude Sautet, in denen sie emanzipierte Frauen ohne Illusionen verkörperte, aber mit einem Rest von Utopie in sich. Jean Cocteau sagte über Romy: »Das schönste Geschenk, das Deutschland Frankreich gemacht hat.«

Das Auf und Ab ihrer Karriere und ihre tragische Lebensgeschichte schienen am Ende mit ihren Filmen identisch. Nach dem Selbstmord ihres Ex-Mannes Harry Meyen und dem Unfall ihres Sohnes David bewegte ihr unerwarteter Tod 1982 ihre vielen Freunde und Fans.

Romy Schneider in *Monpti* (1957) →

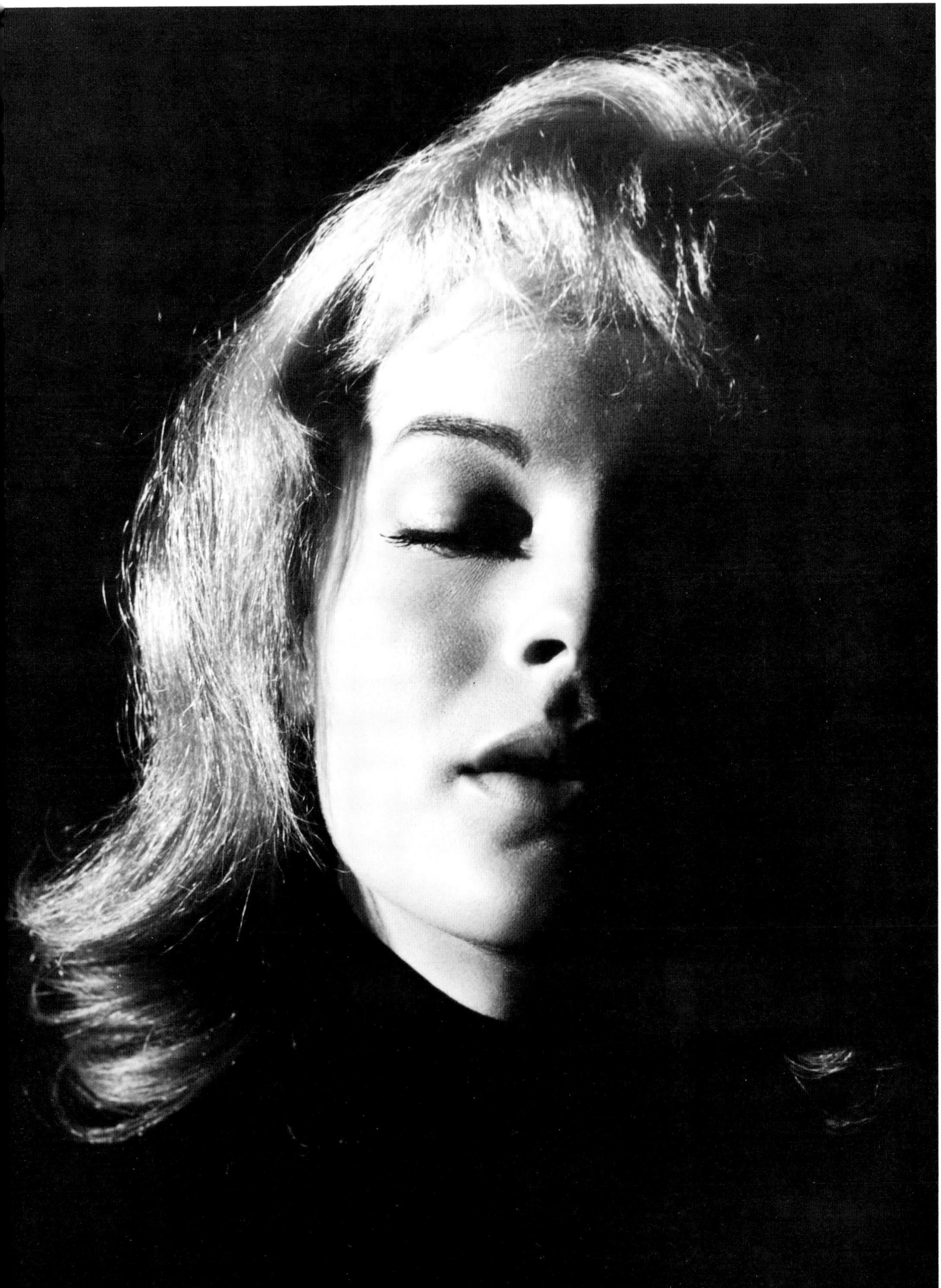

↑ Romy Schneider in
Die Dinge des Lebens (1969)

Mit Michel Piccoli (links) in
Das Mädchen und der Kommissar –
(1971)

Als glatter Kaiserdarsteller hatte er sich im *Haus des Lebens* (sein erster Film, 1952) eingerichtet. Er tanzte also in den 50er Jahren den Tanz ums Goldene Kalb mit, vor dem die Filmphantasie ihre Opfer brachte. Aber weil der Märchenprinz schließlich das Frühlingserwachen von Sissy und Kitty nicht weiter fördern wollte und sich im vielbeschluchzten deutschen Schnulzenfilm unter Wert geschlagen fand, ging er 1960 ins künstlerische »Exil«. Dort fand er Rollen, die seinem Gestaltungstalent entsprachen: psychisch angeknackste und intelligente Gegenwartsfiguren, die vor den Problemen der Zeit nicht in eine verklärte k.u.k.-Monarchie flüchten.

Daß er diese Haltung auch außerhalb des Kinos verkörpern kann, beweist sein Engagement für die Dritte Welt und in der Friedensbewegung. Seit dem denkwürdigen Spendenaufruf für die hungernde Sahel-Zone in der TV-Sendung »Wetten daß ...?« am 16. 5. 1981 ist Karlheinz Böhm heute nicht mehr in eigener Sache unterwegs. Dramatische Rollen auf der Leinwand, obwohl er sie noch in den 70er Jahren im Neuen Deutschen Film vertrauenerweckend und überzeugend spielte, gelten ihm heute, angesichts des realen Dramas einer aus den Fugen geratenen Welt, nicht mehr viel.

← Karlheinz Böhm mit Romy Schneider in *Sissi* (1955)

Porträt →

Horst Frank

Die Schurken liegen ihm mehr als die Guten. Seine eigenwillig schmale Kopfform und die unangenehm singende Stimme lassen ihn als pathologischen Bösewicht jederzeit glaubhaft erscheinen. Dabei begann Frank als dünnhäutiger Außenseiter und Vertreter der skeptischen Nachkriegsgeneration mit einem völlig anderen Image. In Alfred Weidemanns Kriegsfilm *Der Stern von Afrika* (1957) war er ein Feigling, in *Das Mädchen Rosemarie* (1958) ein Träumer und weltfremder Asket. Doch schon bald entpuppte sich Frank in einem ganz anderen Metier – als Mörder und Sadist. In den frühen sechziger Jahren wirkte er bereits in französischen und italienischen Produktionen mit, wobei er in Actionfilmen und Western mit Vorliebe auf den Bösen festgelegt wurde.

Von den Stars der neueren Generation ist er der meistbeschäftigte. Seine arroganten Schurken hat er inzwischen verfeinert; sie sind nicht länger eindimensional, sondern unberechenbar geworden, grüblerisch, auch mal Verzweifelte, denen das Wasser bis zum Hals steht.

Mit Christiane Krüger in *Fluchtweg St. Pauli* (1971) →

← Horst Frank in *Das Mädchen vom Moorhof* (1958)

Mario Adorf

Der Prolet mit den buschigen Augenbrauen und der Möbelpakkerfigur wurde durch Männer aus dem Hinterhofmilieu bekannt – Fischhändler, Landstreicher, Rummelplatzboxer. Doch als wirklich eigenständige Figur fiel er erst 1957 in *Nachts, wenn der Teufel kam* auf – als einfältiger Triebtäter und Massenmörder Bruno Lüdke wirkte er so echt, daß man ihn für lange Zeit auf diese Rollen festlegte: Bösewichter, Zuhälter, Ganoven. Seine Kriminellen waren so furchteinflößend und gefährlich wie eine Ladung Dynamit.

Erst allmählich kam Adorfs zweites überragendes Talent zum Vorschein, sein Hang zum Clownesken. In *Das Mädchen Rosemarie*, einer der wenigen zeitkritischen Satiren der fünfziger Jahre, brillierte er als Unterwelttype mit Pfiff. Danach hatten seine »schweren Jungs« schlitzohriges Format, steckte hinter ihrer finsteren Erscheinung häufig ein Kumpel mit Herz und Witz, auf den man bauen konnte. Frauen vereinnahmte er im Vorübergehen, sie flogen auf den Herzensbrecher mit dem zupackenden Charme.

In seiner zu Beginn der sechziger Jahre steiler werdenden Karriere gelang es ihm, seine besten Fähigkeiten klug zu kombinieren, zeichnete er seine schwarzen Charaktere mit untergründigem Witz, spielte er mit derselben Bravour Goldgräber, Banditen, Schürzenjäger und Mexikaner. Eindrucksvoll sein dumpfbrutaler Jonas Lauretz im TV-Film *Via Mala* (1985).

Vor Leben sprühend und mit Genuß anzusehen sind seine ausladenden Charaktere im Neuen Deutschen Film wie der bösartig-reaktionäre Kommissar Beizmenne in *Die verlorene Ehre der Katharina Blum* (1975) oder der gewiefte Baulöwe, der souverän mit der Macht und den Freudenmädchen spielt, in Fassbinders 50er-Jahre-Melodram *Lola* (1981).

Mario Adorf in *Lulu* (1962) →

← *Das Totenschiff* (1959)

Als *Lindenwirtin vom Donaustrand* trat sie dem damals nicht verwöhnten deutschen Kinogänger 1957 zum erstenmal auf der Leinwand entgegen. Solche schrottreifen Schmonzetten stand sie traumschön und tapfer durch, bevor sie Mitte der 60er Jahre mit renommierten Regisseuren in Hollywood Karriere machte. Danach zog sie sich, dem männlichen Publikum zuliebe, in Italien vor den Kameras aus und wurde in dem nur scheinbar prüden Land als Sexstar lange Zeit hoch gehandelt. Ein Oscar war damit nicht zu verdienen, aber viel Geld. Und Senta Berger, die hart arbeiten und gut rechnen kann, legte ihre Verdienste in der eigenen Filmproduktion »Sentana-Film« an, mit der sie und ihr Mann Michael Verhoeven seit 1967 eigene Filme realisieren.

Die Pin-up-Rollen ist Senta Berger heute, trotz ihrer immer noch verführerischen Mannequin-Schönheit, los. Ihren sanften Sex, mit dem die aufgeklärte und emanzipierte Frau auch außerhalb des Kinos zu beeindrucken versteht, zum Glück nicht.

→ Senta Berger in *Lange Beine – lange Finger* (1966)

↓ Mit Michael Verhoeven während einer Drehpause zu *Wer im Glashaus liebt* (1971)

Er wirkt wie der blonde Junge von nebenan, blauäugig, mit ordentlichen Manieren. Er geht locker, seine Gesten scheinen gelassen, von keinerlei Zwang beherrscht. Griem verfügt über eine saubere Ausstrahlung, er ist sensibel, offen, für Ideale aufgeschlossen – und gleichzeitig auch das Gegenteil von all dem: zergrübelt, verquält, als würde er unter unerklärlichem inneren Druck stehen. Seelenqualen lasten schwer auf ihm, seine Ideale können in Besessenheit umschlagen, in Fanatismus, Gewaltausbrüche.

Daß in ihm »der Deutsche« in seiner Faszination wie in seiner negativen Kraft auf den Begriff gebracht ist, begründete auch seine internationalen Erfolge. Den Einstieg ins Filmgeschäft schaffte er mit dem Kriegsfilm *Fabrik der Offiziere* (1960), einige Jahre später arbeitete er bereits unter Visconti oder Bob Fosse, und als einer der Stars des Neuen Deutschen Films war Griem dann der ideale Protagonist für schwierige, gebrochene Figuren.

← Mit Hanna Schygulla in *Ansichten eines Clowns* (1975)

Porträt →

Einst war sie die Somnambule des Neuen Deutschen Films, ehe sie in die Spitzenklasse der internationalen Stars aufstieg. Sie schien immer neben sich zu stehen, als würde sie sich von weither beobachten in ihrem tastenden zeitlupenhaften Spiel, in dem die ekstatischen Momente unerwartet wie Vulkanausbrüche kamen. Doch ihre Traumwandeleien ereignen sich nicht sternenfern im Stil der Garbo, sondern hautnah à la Fassbinder.

Mit dem »antiteater« begann ihre Filmlaufbahn in den grauen Vorstädten Münchens mit dem Gangsterfilm-Versatzstück *Liebe ist kälter als der Tod* (1969). Ihre Blicke rätselhaft-fragend, das Lächeln unwirklich wie hingemalt, erweckt sie eisgekühlte Blondinen zu vagem Leben. Und doch gelingt es ihr auf unerklärliche Weise, in diesen exzentrischen Manierismen zu atmen, farbig und lebendig zu bleiben, in *Katzelmacher* etwa, wo sie Fassbinder als einzige liebt, den »Griech aus Griechenland«. Jahrelang war sie sein »Medium« und zugleich der weiblichste seiner Stars – verletzlich, fragil und unzerstörbar schien sie von allen Toden wiederaufzuerstehen.

Nach einer Serie von zwanzig Filmen mit dem Meister und einer Fernsehserie (»Acht Stunden sind kein Tag«) zog sie sich 1974 vorübergehend vom Film zurück, der sich »als Hindernis auf dem Weg zu mir selbst« erwies und von Fassbinder, der »viele Sachen machte, die viel mit ihm und wenig mit mir zu tun hatten«. Nach einem Gastspiel in Wim Wenders *Falsche Bewegung* (1975) kehrte sie 1978 zu Fassbinder zurück, um als hartgezeichnete deutsche Frau die *Ehe der Maria Braun* zu bestehen.

Sie, mit der sich eine Popgeneration zu identifizieren vermochte, feierte nun auch ihren Erfolg in den Kinos von New York, wo man sie – wie alle deutschen Diven – als die »neue Dietrich« feierte. »Die Aura des geborenen Stars scheint ihr ums Lockenhaupt zu flimmern«, diese Voraussage des SPIEGEL traf nun ein – die Schygulla wurde ein großer Stern unserer Zeit, ob mit Zylinder auf dem Kopf wie als *Lili Marleen* oder kahlgeschoren wie bei Marco Ferreri, machte sie nun keine falschen Bewegungen mehr.

← Hanna Schygulla in *Effie Briest* (1974)

Wollte man ihn auf einen Typ festlegen, so wäre er der Grübler und Tiefenschürfer – jedenfalls das Gegenteil des Draufgängers à la Hans Albers. Doch ein Star wie Ganz entzieht sich jeder derartigen Kategorisierung. In seinem Spiel und Stil wird deutlich, daß er einer jener Darsteller ist, für die Schauspielerei Mittel der Selbstverwirklichung und Selbstinterpretation sind. Und man spürt in seinem Agieren, daß er zu jenen gehört, die an den Kämpfen der Gegenwart teilgenommen haben, den politischen Auseinandersetzungen wie auch dem Rollenspiel im Geschlechterkampf. Deshalb ist er kein Star mehr im klassischen Sinn, sondern einer, der das Klima, das Bewußtsein unserer Zeit mit seismographischer Genauigkeit widerspiegelt.

Mit seiner sanften warmen Stimme, den ernsten, verschmitzt blickenden Augen und dem eigenartigen Gang scheint er ein hellwacher Träumer, einer, der die Krisen des modernen Mannes zu bestehen hat, ohne daran zerbrechen zu müssen. In seinen gelungenen Filmen zeichnet sich das ab. *Messer im Kopf* übersetzt das restaurative politische Klima der Lähmung in eine Figur, die von der Polizei angeschossen, mit physischen und psychischen Lähmungserscheinungen zu kämpfen hat. Die innere und äußere Isolation eines Mannes, Ausbruch einer Existenzkrise, gestaltet er in einer fremden Welt *In der weißen Stadt.* Auch wenn bei ihm immer die Gefahr des virtuos-überdrehten Spiels besteht, gelingt es ihm auch hier, die Ängste, Zweifel und Glücksgefühle des »neuen Mannes« sichtbar zu machen.

Der Schweizer Schauspieler, der mit *Der sanfte Lauf* (1967) von Haro Senft als einer der ersten den Neuen Deutschen Film bereicherte, dann mit Peter Steins Theater am Halleschen Ufer in Berlin groß wurde, verschrieb sich seit 1975 ganz dem Film. Unter den neuen Stars ist er der schwierigste und gefragteste. Sein Typ steht für das Variable, Veränderliche der Verhältnisse.

← Mit Verena Buss in *Der sanfte Lauf* (1967)

Bruno Ganz in *Messer im Kopf* (1978) →

Schauspielerin wollte sie gar nicht werden, und ob sie es heute ist, darüber streiten sich die Geister. Aber daß sie ein Star ist, ein Weltstar sogar, das bezweifelt niemand. »Schuld« daran sind Regisseure, die ihr auch privat etwas bedeuten: ihr Entdecker Wim Wenders *(Falsche Bewegung,* 1975, *Paris, Texas,* 1983/84), Roman Polanski (*Tess*, 1979) und Paul Schrader (*Cat People / Katzenmenschen,* 1982). Sie – und Nastis Besessenheit in Sachen Schauspielerei: » Arbeit ist für mich wie eine Droge« – machten sie zu dem neuesten »Fräuleinwunder«, als das die US-Presse sie feiert, zum attraktivsten deutschen Kinowunder seit Marlene Dietrich. Filmpartner Rudolf Nurejew schwärmte sogar laut Drehbuch in ihrem gemeinsamen Werk *Exposed* (1983): »Du bist geheimnisvoll wie die Garbo, du hast den Charme von Carole Lombard und die erotische Ausstrahlung der Monroe.« Und spätestens seit *La Lune dans le Caniveau / Der Mond in der Gosse* (1983) weiß die Kinowelt, daß die Aufforderung dieses Films: »Try Another World« nur mit der kindlichen, unschuldigen und verführerischen Nasti zu einer Kinobotschaft ersten Ranges werden konnte. Denn so filmogen und vielversprechend wie sie ist keine.

Tatort »Reifezeugnis« →

← Nastassja Kinski in *Leidenschaftliche Blümchen* (1976)

Biographien, Filmographien

Die Daten zu Lebensgeschichte und Karriere sind bewußt stichwortartig knapp gehalten und verstehen sich als Anregung für jene Leser, die sich näher mit der Biographie des jeweiligen Stars beschäftigen wollen. Für sie findet sich im Text auch ein Verweis auf die Memoiren oder Erinnerungsbücher der Schauspieler.

Die Filmographie stellt eine umfangreiche Auswahl vor; da einige Stars in weit mehr als hundert Filmen mitgewirkt haben, würde eine vollständige Aufzählung aller Filmtitel den Rahmen dieses Werkes sprengen.

Mario Adorf

8. 9. 1930 in Zürich. Studium in Mainz und Zürich. Komparse, Regieassistent, von 1953–1955 Falckenbergschule München, danach bis 1961 Mitglied der Münchner Kammerspiele. Im Film beschäftigt seit der *Null-Acht-Fuffzehn*-Trilogie. Beginn einer internationalen Karriere in den sechziger Jahren unter Regisseuren wie Peckinpah, Kalatosow, Damiani, Lattuada oder Billy Wilder. Trat häufig im Fernsehen (außergewöhnlicher Erfolg 1985 in *Via Mala*), seit den siebziger Jahren auch im Neuen Deutschen Film auf.

1954: 08/15, 1956: Robinson soll nicht sterben; 1957: Nachts, wenn der Teufel kam; 1958: Das Mädchen Rosemarie; Der Arzt von Stalingrad; 1959: Am Tag, als der Regen kam; Das Totenschiff; 1960: Schachnovelle; 1962: Lulu; 1963: Moral 63; 1964: Der letzte Ritt nach Santa Cruz; 1965: Sierra Chariba / Major Dundee; Die Herren; 1966: Ganovenehre; 1967: Unser Boß ist eine Dame / Operazione San Gennaro; 1968: Amigos / E per un tetto un cielo di stelle; 1970: Das rote Zelt / La tenda rossa; Die Herren mit der weißen Weste; 1972: Milano Kaliber 9 / Milano calibro 9; Das Syndikat / La polizia ringrazia; Gewalt – die 5. Macht im Staat / Violenza: quinta potere; 1973: Der Mafia-Boß / La male ordine; 1975: Die verlorene Ehre der Katharina Blum; Warum bellt Herr Bobikow? / Cuore di cane; 1976: Mitgift; Bomber & Paganini; 1977: Gefundenes Fressen; 1978: Tod oder Freiheit; Der Hauptdarsteller; Fedora; 1979: Die Blechtrommel; 1981: Lola.

Hans Albers

22. 9. 1891 in Hamburg – 24. 7. 1960 in Tutzing. Theaterdebüt am Hamburger Schauspielhaus. Nach dem Ersten Weltkrieg als Operettenbuffo in Berlin, seit Bruckners »Verbrecher« (1928) ein Theaterstar. Mit dem Tonfilm der größte männliche Star des deutschen Kinos, bis in die Nachkriegsjahre hinein. Nach seinem Tod wurde der Wilhelmplatz in St. Pauli nach ihm umbenannt.

Tonfilme: 1929: Die Nacht gehört uns; 1930: Der blaue Engel; Der Greifer; Hans in allen Gassen; 1931: Drei Tage Liebe; Bomben auf Monte Carlo; Der Draufgänger; 1932: Der Sieger; Quick; Der weiße Dämon; F.P.1 antwortet nicht; 1933: Flüchtlinge; Gold; 1934: Peer Gynt; 1935: Varieté; 1936: Savoy-Hotel 217; Unter heißem Himmel; 1937: Der Mann, der Sherlock Holmes war; 1938: Fahrendes Volk; Sergeant Berry; Wasser für Canitoga; 1939: Ein Mann auf Abwegen; 1940: Trenck, der Pandur; 1941: Carl Peters; 1942: Münchhausen; 1944: Große Freiheit Nr. 7; 1947: Und über uns der Himmel; 1950: Föhn; Vom Teufel gejagt; 1951: Nachts auf den Straßen; 1952: Käpt'n Bay Bay; 1953: Johnny rettet Nebrador; 1954: An jedem Finger zehn; Auf der Reeperbahn nachts um halb eins; 1955: Der letzte Mann; 1956: Vor Sonnenuntergang; 1957: Der tolle Bomberg; Das Herz von St. Pauli; Der Greifer; 1958: Der Mann im Strom; 13 alte Esel; 1959: Kein Engel ist so rein.

Albert Bassermann

7. 9. 1867 in Mannheim – 15. 5. 1952 auf dem Flug von New York nach Zürich. Chemiestudium; arbeitete zunächst in der Zellstoff-Fabrik Waldhof, dann Volontär am Mannheimer Theater; kam über das Herzogliche Theater in Meiningen nach Berlin ans Deutsche Theater. Spielte dort von 1900 bis 1909 unter Brahm (vorwiegend in Ibsen-Stücken), von 1909 bis 1915 unter Max Reinhardt. Danach Gastspielreisen und Tourneen durch ganz Europa. Neben Wegener, Durieux, Moissi einer der ganz großen Schauspieler der deutschen Bühne. Einer der Pioniere des deutschen Films, wirkte in zahlreichen Stummfilmen mit; 1934 emigrierte er mit seiner Lebensgefährtin Else Schiff nach Amerika. Arbeitete in Hollywood und bis ins hohe Alter auf internationalen Bühnen.

1913: Der Andere; 1914: Das Urteil des Arztes; 1917: Der eiserne Wille; Herr und Diener; 1918: Lorenzo Burghardt; Vater und Sohn; 1919: Puppen des Todes; Der letzte Zeuge; 1920: Masken; 1921: Das Weib des Pharao; 1922: Lukrezia Borgia; Christopher Columbus; 1923: Erdgeist; 1924: Helena; 1925: Der Herr Generaldirektor; 1926: Wenn das Herz der Jugend spricht; 1929: Fräulein Else; Napoleon auf St. Helena. *Tonfilme:* 1930: Dreyfuß; Alraune; 1931: Voruntersuchung; 1932: Zum goldenen Anker; 1933: Ein gewisser Herr Gran; 1940: Die Lebensgeschichte Paul Ehrlichs / Dr. Ehrlich's Magic Bullet; Mord / Foreign Correspondent; 1941: Erpressung / A Woman's Face; Abrechnung in Shanghai / The Shanghai Gesture; Die Unvollendete / New Wine; 1942: Sabotageauftrag Berlin / Desperate Journey; 1943: Madame Curie / Madame Curie; 1944: Als Du Abschied nahmst / Since You went Away; 1945: Rhapsodie in Blau / Rhapsody in Blue; 1948: Die roten Schuhe / The Red Shoes.

Senta Berger

13. 5. 1940 in Wien. Dort Ballettunterricht und Schauspielstudium. Ab 1957 beim Film, auch in USA und Italien. 1967 Gründung der eigenen Produktionsgesellschaft »Sentana-Film«. Verheiratet mit dem Regisseur Michael Verhoeven, mit dem sie in München-Grünwald lebt. Sie ist außerhalb des Kinos in der Umweltschutz- und Friedensbewegung engagiert.

1957: Die Lindenwirtin vom Donaustrand; 1958: Die Reise / The Journey; 1961: Das Wunder des Malachias; Es muß nicht immer Kaviar sein; Diesmal muß es Kaviar sein; Ramona; 1963: Jack und Jenny; Volles Herz und leere Taschen; Sierra Chariba / Major Dundee; 1965: Schüsse im ¾-Takt; Der Schatten der Giganten / Cast a Giant Shadow; 1966: Lange Beine – lange Finger; Unser Boß ist eine Dame / Operazione San Gennaro; 1967: Paarungen; Mit teuflischen Grüßen / Diaboliquement votre; 1968: Geier können warten / Les étrangers; 1970: Als die Frauen noch Schwänze hatten / Quando le donne avevano la coda; 1971: Wer im Glashaus liebt; Die Moral der Ruth Halbfass; 1972: Der scharlachrote Buchstabe; 1973: Ein unheimlich starker Abgang; Der Reigen; 1974: Der Mann ohne Gedächtnis / L'uomo senza memoria; 1975: Mitgift; Per Saldo Mord / The Swiss Conspiracy; 1976: Steiner – das eiserne Kreuz / Cross of Iron; 1983: Liebe Melanie.

Elisabeth Bergner

22. 8. 1897 in Drohobytsch, Galizien (eigentlich Elisabeth Ettel). Schauspielunterricht in Wien, Debüt am Stadttheater Innsbruck, dann Zürcher Schauspielhaus. In

den zwanziger Jahren große Theaterkarriere in Berlin. Filmt seit 1924. Heirat mit dem Regisseur Paul Czinner; emigrierte 1932 nach London, wo sie heute noch lebt. Ihre Memoiren erschienen unter dem Titel »Bewundert viel und viel gescholten ...« (1978).

1924: Der Evangelimann; Nju; 1926: Der Geiger von Florenz; 1927: Liebe; 1928: Dona Juana; 1929: Fräulein Else. *Tonfilme:* 1931: Ariane; 1932: Der träumende Mund; 1934: Ariane / Ariane; Katharina die Große / Catherine the Great; 1935: Escape Me Never; 1936: As You Like It; 1937: Träumende Augen / Dreaming Lips; 1939: Stolen Life (= US-Version von »Träumende Augen«); 1941: Paris Calling; 1962: Die glücklichen Jahre der Thorwalds; 1970: Der Todesschrei der Hexen / Cry of the Banshee; 1971: Der Kurier des Zaren / Strogoff; 1973: Der letzte Fußgänger; 1979: Der Pfingstausflug; 1981: Feine Gesellschaft – beschränkte Haftung.

Willy Birgel

19. 9. 1891 in Köln – 29. 12. 1973 in Dübendorf bei Zürich. Studium und Schauspielunterricht in Köln. Nach dem Ersten Weltkrieg ans Mannheimer Nationaltheater. 1934 von Paul Wegener für den Film entdeckt und bis 1945 erfolgreicher Ufa-Star. Nach dem Zweiten Weltkrieg Fortsetzung seiner Karriere erst beim Theater, dann auch auf der Leinwand. Letzter großer Filmauftritt 1966 in *Schonzeit für Füchse.*

1934: Ein Mann will nach Deutschland; 1935: Barcarole; Das Mädchen Johanna; Schwarze Rosen; 1936: Ritt in die Freiheit; Schlußakkord; Verräter; 1937: Menschen ohne Vaterland; Unternehmen Michael; Zu neuen Ufern; 1938: Der Blaufuchs; Der Fall Deruga; Verklungene Melodie; 1939: Hotel Sacher; Der Gouverneur; Kongo-Express; Maria Ilona; 1940: Das Herz der Königin; Feinde; 1941: Kameraden; . . . reitet für Deutschland; 1942: Diesel; 1943: Der dunkle Tag; Du gehörst zu mir; 1944: Der Majoratsherr; Ich brauche Dich; 1945: Die Brüder Noltenius; 1947: Zwischen gestern und morgen; 1950: Vom Teufel gejagt; 1951: Das ewige Spiel; 1952: Heidi; Mein Herz darfst Du nicht fragen; Der Kaplan von San Lorenzo; 1953: Sterne über Colombo; 1954: Die Gefangene des Maharadscha; 1954: Konsul Strotthoff; Rittmeister Wronski; Ein Mann vergißt die Liebe; 1955: Die Toteninsel; Rosenmontag; 1956: Rosen für Bettina; Johannisnacht; Ein Herz kehrt heim; 1957: Frauenarzt Dr. Bertram; 1958: Liebe kann wie Gift sein; Der Priester und das Mädchen; 1959: Arzt aus Leidenschaft; 1961: Frau Cheneys Ende; 1966: Schonzeit für Füchse; 1968: Sommersprossen.

Karlheinz Böhm

16. 3. 1928 in Darmstadt. Sohn des Dirigenten Karl Böhm und der Sängerin Thea Linhart. Regie-Assistent bei Karl Hartl, erste kleine Bühnenrollen am Theater in der Josefstadt. 1952 zum Film, ab 1960 vor allem im Ausland. Zweite Karriere im Neuen Deutschen Film, vor allem in Werken R. W. Fassbinders. Neben Theater- und TV-Auftritten engagiert er sich heute zunehmend für Probleme der Dritten Welt und der Friedensbewegung.

1948: Der Engel mit der Posaune; 1952: Alraune; 1953: Salto Mortale; Hochzeit auf Reisen; 1954: Die Sonne von St. Moritz; Und ewig bleibt die Liebe; Die Hexe; 1955: Die heilige Lüge; Sissi; Schwedenmädel; Dunja; 1956: Nina; Kitty und die große Welt; Die Ehe des Dr. med. Danwitz; Sissi, die junge Kaiserin; 1957: Das Schloß in Tirol; Sissi, Schicksalsjahre einer Kaiserin; Blaue Jungs; 1958: Das Dreimäderlhaus; Man müßte nochmal zwanzig sein; 1959: Kriegsgericht; La Paloma; Augen der Angst / Peeping Tom; Zu heiß zum Anfassen / Too Hot to Handle; 1960: Der Gauner und der liebe Gott; 1962: Rififi in Tokio / Rififi á Tokyo; Die Wunderwelt der Brüder Grimm / The Wonderful World of the Brothers Grimm; 1963: Flieg mit mir ins Glück / Come Fly with Me; 1966: Mitternacht Canale Grande / The Venetian Affair; 1973: Schloß Hubertus; 1974: Effie Briest; Faustrecht der Freiheit; 1975: Mutter Küsters Fahrt zum Himmel.

Dieter Borsche

25. 10. 1909 in Hannover – 5. 8. 1982 in Nürnberg. Tanzunterricht und Engagement an der Städtischen Oper Hannover, Theaterrollen in Weimar. Nach Kriegsende Schauspieldirektor in Kiel. Filmdebüt 1935, Popularitätshöhepunkte in den 50er und 60er Jahren. Später auch große Charakterdarstellungen im Fernsehen und auf den Theaterbühnen. Er starb an einer schweren Krankheit (Muskelschwund), an der er seit 1944 litt.

1935: Alles weg'n dem Hund; 1937: Wie einst im Mai; 1939: Preußische Liebesgeschichte; Die Geliebte; Die kluge Schwiegermutter; 1949: Die Nachtwache; 1950: Es kommt ein Tag; Der fallende Stern; 1951: Dr. Holl; Fanfaren der Liebe; Sündige Grenze; Herz der Welt; 1952: Die große Versuchung; Vater braucht eine Frau; Der Kaplan von San Lorenzo; 1953: Königliche Hoheit; Fanfaren der Ehe; 1954: Der Arzt und das Mädchen / Le guérisseur; 1955: Die Barrings; San Salvatore; 1956: Wenn wir alle Engel wären; Königin Luise; 1957: Zwei Herzen im Mai; Nachts im grünen Kakadu; 1958: U 47-Kapitänleutnant Prien; 1960: Das hab' ich in Paris gelernt; Ein Thron für Christine; 1962: Das Feuerschiff; Der rote Rausch; 1963: Scotland Yard jagt Dr. Mabuse; Der Henker von London; 1964: Der Schut; Das Phantom von Soho; 1965: Durchs wilde Kurdistan; 1966: Angeklagt nach § 218; 1968: Der Arzt von St. Pauli; Lady Hamilton; 1970: Der Pfarrer von St. Pauli.

Siegfried Breuer

24. 6. 1906 in Wien – 1. 2. 1954 in Weende bei Göttingen. Studium an der Akademie für Musik und darstellende Kunst in Wien. Ab 1924 Volkstheater, Wien; weitere Bühnenstationen Prag, Wien und Berlin, wo er zuerst als Conférencier für Modeschauen in Erscheinung trat. 1935–1941 Ensemblemitglied des Deutschen Theaters, Berlin. Wurde erst 1939 für den Film entdeckt. Privat sechsmal verheiratet, u. a. mit Maria Andergast und Eva Maria Meinecke.

1931: Weekend im Paradies; 1939: Leinen aus Irland; Mutterliebe; 1940: Der Postmeister; Operette; Wiener G'schichten; 1941: Der Weg ins Freie; Menschen im Sturm; Venus vor Gericht; 1942: Anuschka; Sommerliebe; 1943: Gabriele Dambrone; Gefährlicher Frühling; Romanze in Moll; 1944: Am Abend nach der Oper; Melusine; Orientexpress; 1945: Die Fledermaus; 1947: Das unsterbliche Antlitz; 1948: Anni; Alles Lüge; Das andere Leben; Zyankali; Maresi; 1949: Der dritte Mann / The Third Man; Rosen der Liebe; 1950: Gabriela; Eine Frau mit Herz; Prämien auf den Tod; Schuß durchs Fenster; 1951: Durch Dick und Dünn; 1952: Der Fürst von Pappenheim; Man lebt nur einmal; 1953: Der Vogelhändler; Unter den Sternen von Capri; Der letzte Walzer.

Horst Buchholz

4. 12. 1933 in Berlin. Schauspielunterricht bei Marliese Ludwig. Erster Theatererfolg 1950 in Sartres »Tote ohne Begräbnis«. 1954 Filmkarrierestart in Duviviers *Marianne,* im Jahr darauf für *Himmel ohne Sterne* mit dem Bundesfilmpreis ausgezeichnet. *Die Halbstarken* (1956) machten ihn endgültig zum Star. Auslandskarriere ab 1960. In den letzten Jahren wieder Film- und TV-Versuche, auch erfolgreiche Theaterauftritte im deutschsprachigen Raum.

1954: Marianne; 1955: Himmel ohne Sterne; 1956: Die Halbstarken; Robinson soll nicht sterben; 1957: Monpti; Bekenntnisse des Hochstaplers Felix Krull; Endstation Liebe; 1958: Nasser Asphalt; 1959: Tiger Bay / Tiger Bay; Das Totenschiff; 1960: Die glorreichen Sieben / The Magnificent Seven; Fanny / Fanny; 1961: Eins, zwei, drei / One, Two, Three; 1962: Neun Stunden bis zur Ewigkeit / Nine Hours to Rama; 1964: Die Nackte / La Noia; Im Reich des Kublai Khan / La fabuleuse aventure de Marco Polo; 1966: Johnny Banco; Cervantes / Cervantes; 1968: Astragal / L'Astragale; 1972: Der große Walzer / The Great Waltz; 1973: ... aber Johnny!; 1975: Frauenstation; 1978: Abenteuer in Atlantis / The Amazing Captain Nemo; Nur drei kamen durch / Contro quattro bandiere; Lawinenexpress / Avalanche Express; 1982: Sahara / Sahara; 1984: Wenn ich mich fürchte.

Lil Dagover

30. 9. 1898 in Madiven/Java – 23. 1. 1980 in München (eigentlich Marie Antonia Sieglinde Martha Seubert). Kam mit sechs Jahren nach Deutschland und heiratete mit siebzehn. Begann ohne schauspielerische Ausbildung in Stummfilmen von Wiene, Lang, Murnau. Ihre Wirkung lag in ihrer außergewöhnlichen Fotogenität. Filmte auch in Frankreich und Hollywood und wirkte ab 1925 bei den Salzburger Festspielen mit. In den dreißiger Jahren eine der großen Diven des deutschen Films; erhielt von Goebbels den Titel »Staatsschauspielerin«. Nach 1945 weiter in Film und Theater aktiv. 1979 erschien ihre Autobiographie »Ich war die Dame«.

1919: Das Cabinet des Dr. Caligari; Phantome des Lebens; 1920: Das Blut der Ahnen; Der Richter von Zalamea; Die Kwannon von Okadera; Spiritismus; 1921: Das Medium; Der müde Tod; 1922: Phantom; Tiefland; Prinzessin Suwarin; 1924: Komödie des Herzens; 1925: Tartüff; Zur Chronik von Grieshus; Die Brüder Schellenberg; 1926: Nur eine Tänzerin; 1927: Orientexpress; 1928: Die Ehe; 1929: Es flüstert die Nacht; Der Günstling von Schönbrunn; Spielereien einer Kaiserin. *Tonfilme:* 1930: Boykott, Das alte Lied; Va Banque; 1931: Der Kongreß tanzt; 1932: Das Schicksal einer schönen Frau; Die Tänzerin von Sanssouci; 1933: Johannisnacht; 1934: Eine Frau, die weiß, was sie will; Ich heirate meine Frau; 1935: Der höhere Befehl; Der Vogelhändler; Lady Windermeres Fächer; 1936: August, der Starke; Das Mädchen Irene; Fridericus; 1937: Die Kreutzersonate; 1938: Dreiklang; Maja zwischen zwei Ehen; Rätsel um Beate; 1939: Umwege zum Glück; 1940: Bismarck; Friedrich Schiller; 1942: Kleine Residenz; Wien 1910; 1944: Musik in Salzburg; 1948: Die Söhne des Herrn Caspary; 1949: Man spielt nicht mit der Liebe; 1950: Es kommt ein Tag; 1953: Königliche Hoheit; 1954: Schloß Hubertus; 1955: Die Barrings; Rosen im Herbst; Meine 16 Söhne; 1956: Kronprinz Rudolfs letzte Liebe; 1959: Buddenbrooks; 1961: Die seltsame Gräfin; 1973: Der Fußgänger; 1974: Der Richter und sein Henker; 1975: Karl May; 1976: Die Standarte; 1978: Geschichten aus dem Wienerwald.

Paul Dahlke

12. 4. 1904 in Streitz, Pommern – 23. 11. 1984 in Salzburg. Ausbildung an der Bergakademie in Clausthal-Zellerfeld, dann Studium in Berlin. 1929 erstes Theaterengagement. Nach dem Krieg viele gute Rollen in oft mittelmäßigen Filmen. Weiterhin Theater und auch Fernsehen, z. B. in der Serie »MS-Franziska« von Wolfgang Staudte. Lebte zuletzt zurückgezogen mit seiner Frau Elfe Gerhard am Grundlsee, wo er auch malte und bildhauerte.

1934: Liebe, Tod und Teufel; 1936: Verräter; 1937: Der zerbrochene Krug; Mein Sohn, der Herr Minister; 1938: Capriccio; Frauen für Golden Hill; War es der im dritten Stock?; 1939: Befreite Hände; Es war eine rauschende Ballnacht; Die barmherzige Lüge; Kennwort Machin; Morgen werde ich verhaftet; Robert Koch; 1940: Das Fräulein von Barnhelm; Friedrich Schiller; Die keusche Geliebte; 1941: Heimaterde; Kameraden; Reitet für Deutschland; 1942: Andreas Schlüter; Dr. Crippen an Bord; 1943: Ich vertraue Dir meine Frau an; Romanze in Moll; Gefährlicher Frühling; 1944: Das war mein Leben; Der Täter ist unter uns; Orientexpress; 1945: Das Gesetz der Liebe: 1947: Und finden dereinst uns wieder; 1948: Menschen in Gottes Hand; Das verlorene Gesicht; Die Zeit mit Dir; 1949: Krach im Hinterhaus; Die Reise nach Marrakesch; 1950: Kein Engel ist so rein; Der Schatten des Herrn Monitor; Der fallende Stern; 1953: Arlette erobert Paris; Die tolle Lola; 1954: Das fliegende Klassenzimmer; 1955: Drei Männer im Schnee; Meine Kinder und ich; 1956: Stresemann; Die Ehe des Dr. med. Danwitz; 1957: Bekenntnisse des Hochstaplers Felix Krull; Made in Germany; 1959: Die Wahrheit über Rosemarie; 1960: Ein Student ging vorbei; 1962: Das Mädchen und der Staatsanwalt; 1953: Das Haus in Montevideo; 1964: Begegnung in Salzburg; 1967: Die Heiden von Kummerow und ihre lustigen Streiche; 1973: Oh Jonathan, oh Jonathan!

René Deltgen

30. 4. 1909 in Esch-sur-Alzette – 29. 1. 1979 in Köln. Ausbildung an den Städtischen Bühnen, Köln. Erste Theaterstationen Frankfurt am Main, Heidelberg, Berlin. Verkörperte die negativen Gestalten des klassischen Theaters und später zeitgenössische Figuren bei Pinter, Dürrenmatt u. a. Nach Kriegsende vorübergehend Arbeit als Pferdedresseur. Synchronsprecher der harten Typen des Hollywoodfilms. Im deutschen Nachkriegsfilm meist auf Gangster und Abenteurer abonniert.

1935: Das Mädchen Johanna; Einer zuviel an Bord; 1936: Port Arthur; Savoy-Hotel 217; Unter heißem Himmel; 1937: Starke Herzen; Urlaub auf Ehrenwort; 1938: Ab Mitternacht; Kautschuk; 1939: Brand im Ozean; Der grüne Kaiser; Kongo-Express; Zwölf Minuten nach Zwölf; 1940: Die drei Codonas; 1941: Mein Leben für Irland; 1942: Anschlag auf Baku; Dr. Crippen an Bord; Das große Spiel; Fronttheater; Wen die Götter lieben; 1943: Zirkus Renz; 1944: Das Hochzeitshotel; Sommernächte; Zwischen Nacht und Morgen; 1945: Der stumme Gast; 1949: Nachtwache; Tromba; 1950: Export in Blond; 1951: Torreani; 1953: Weg ohne Wiederkehr; Das Haus an der Küste; Sterne über Colombo; 1954: Phantom des großen Zeltes; Der Mann meines Lebens; 1955: Vom Himmel gefallen; London ruft Nordpol / Londra chiama Polo Nord; 1956: Königin Luise; Ohne Dich wird es Nacht; 1958: Das indische Grabmal; Der Tiger von Eschnapur; 1965: Neues vom Hexer; 1976: Gefundenes Fressen.

Marlene Dietrich

27. 12. 1901 in Berlin. Tochter eines Polizeioffiziers. Musikunterricht und Schauspielstudium in Weimar und Berlin. 1922 Bühnen- und Filmdebüt, 1923 Heirat mit dem Aufnahmeleiter Rudolf Sieber. 1929 von Josef von Sternberg für den *Blauen Engel* (1930) entdeckt. Danach Welt-Karriere in USA. Seit 1939 amerikanische Staatsbürgerin. 1960 Tournee durch die BRD, 1975 Abgang vom Schaugeschäft. Lebt zurückgezogen in Paris.

1922: So sind die Männer; Tragödie der Liebe; 1923: Der Mensch am Wege; Der Sprung ins Leben; 1925: Manon Lescaut; 1926: Madame wünscht keine Kinder; 1927: Sein größter Bluff; 1928: Prinzessin Olala; Ich küsse Ihre Hand, Madame; 1929: Die Frau, nach der man sich sehnt. *Tonfilme:* 1930: Der blaue Engel; Herzen in Flammen / Morocco; 1931: Shanghai-Express / Shanghai Express; 1932: Die blonde Venus / Blonde Venus; 1933: Song of Songs; 1934: Die große Zarin / The Scarlet Empress; Die Spanische Tänzerin / The Devil is a Woman; 1935: Sehnsucht / Desire; 1936: Der Garten Allahs / The Garden of Allah; Tatjana / Knight without Armour; 1937: Engel / Angel; 1939: Der große Bluff / Destry Rides Again; 1940: Das Haus der sieben Sünden / Seven Sinners; Die Abenteurerin / The Flame of New Orleans; 1941: Herzen in Flammen / Manpower; 1942: Die Freibeuterin / The Spoilers; 1943: Kismet / Kismet; 1946: Martin Roumagnac / Martin Roumagnac; 1947: Foreign Affair; 1950: Die rote Lola / Stage Fright; 1951: Engel der Gejagten / Rancho Notorious; 1956: Die Monte Carlo Story / Montecarlo; 1957: Zeugin der Anklage / Witness for the Prosecution; Im Zeichen des Bösen / Touch of Evil; 1961: Das Urteil von Nürnberg / Judgment at Nuremberg; 1977: Schöner Gigolo, armer Gigolo.

Peter van Eyck

16. 7. 1913 in Steinwehr/Pommern – 15. 7. 1969 Männedorf/Schweiz (eigentlich Götz von Eick). Gutsbesitzerssohn, abgebrochenes Musikstudium; 1931 führte ihn eine Weltreise über Spanien, Frankreich, Nordafrika nach New York. Sang dort als Barpianist eigene Chansons. Filmdebüt 1943 in Amerika. Nach dem Zweiten Weltkrieg spielte der Weltenbummler auch im deutschen Nachkriegsfilm eine tragende Rolle, gehörte aber darüberhinaus zu den Größen des internationalen Films.

1943: The Moon is Down; Five Graves to Cairo; 1944: The Hitler Gang; 1949: Hallo, Fräulein; 1950: Die Dritte von rechts; Epilog; Export in Blond; Furioso; Königskinder; 1952: Die letzte Etappe / Le grand Jeu; 1953: Lohn der Angst / Le Salaire de la Peur; 1954: Das unsichtbare Netz / Night People; 1955: Akte XP 15/A Bullet for Joey; Herr Satan persönlich / Confidential Report; Der Cornett; Vom Teufel verführt / The Rawhide Years; 1956: Ardennen 44 / Attack; Dem Satan ins Gesicht gespuckt / Le Feux aux Poudres; 1957: Der gläserne Turm; 1958: Dr. Crippen lebt; Du gehörst mir; Das Mädchen Rosemarie; Rommel ruft Kairo; Schmutziger Engel; Der Schnorchel / The Snorkel; 1959: Geheimaktion Schwarze Kapelle; Der Rest ist Schweigen; 1960: Liebling der Götter; 1961: Im Namen des Teufels; Unter Ausschluß der Öffentlichkeit; 1962: Ein Toter sucht seinen Mörder; 1963: Ein Alibi zerbricht; Endstation 13 Sahara; Scotland Yard jagt Dr. Mabuse; 1964: Die Todesstrahlen des Dr. Mabuse; Kennwort Reiher; 1965: Die Herren; Der Spion, der aus der Kälte kam / The Spy who came in from the Cold; 1966: Karriere; 1968: Heidi kehrt heim.

O. W. Fischer

1. 4. 1915 in Klosterneuburg bei Wien (eigentlich Otto Wilhelm Fischer). Studierte zwei Semester Kunstgeschichte und Germanistik, dann Schauspielunterricht am Max-Reinhardt-Seminar. Bühnenstationen Münchner Kammerspiele, Wiener Volkstheater. Wurde nach eigenen Aussagen dort unter Intendant Bruno Walter Iltz »erst wirklich zum Schauspieler«. Großer Liebhaber im österreichischen Film der vierziger und im deutschen Film der fünfziger Jahre. Später schwierigere Rollen im Charakterfach. Sehr ambitioniert, führte 1955 auch zweimal selbst Regie (in »Ich suche dich« und »Hanussen«). Ein Versuch, in Hollywood Fuß zu fassen, scheiterte 1957. Zog sich in den sechziger Jahren immer mehr von Film und Theater zurück und hielt Vorlesungen an Universitäten über sein selbsterfundenes Phänomen der »Normalhypnose«. 1976 erschien sein autobiographisches Werk »Was mich ankommt, als Gesicht, Traum, Empfindung«.

1936: Burgtheater; 1939: Anton der Letzte; 1940: Meine Tochter lebt in Wien; 1942: Sommerliebe; Wien 1910; 1943: Die beiden Schwestern; 1944: Glück unterwegs; Sieben Briefe; Spiel; 1947: Triumpf der Liebe; Das unsterbliche Antlitz; 1949: Liebling der Welt; 1950: Erzherzog Johanns große Liebe; Verträumte Tage; Heidelberger Romanze; 1952: Bis wir uns wiedersehen; Cuba Cubana; Der träumende Mund; 1953: Ein Herz spielt falsch; Solange Du da bist; Tagebuch einer Verliebten; Eine Liebesgeschichte; 1954: Bildnis einer Unbekannten; Ludwig II; 1955: Hanussen; 1956: Mein Vater, der Schauspieler; Herrscher ohne Krone; 1957: El Hakim; Skandal in Ischl; 1958: Peter Voß, der Millionendieb; Helden; 1959: Menschen im Hotel; Peter Voß, der Held des Tages; 1960: Scheidungsgrund: Liebe; 1961: Es muß nicht immer Kaviar sein; Diesmal muß es Kaviar sein; Das Riesenrad; 1962: Axel Munthe; 1963: Frühstück im Doppelbett; 1965: Onkel Toms Hütte; 1969: Liebesvögel; 1970: Das weite Land.

Elisabeth Flickenschildt

16. 3. 1905 in Hamburg-Blankenese – 26. 10. 1977 Stade. Schauspielschule in Hamburg, dort 1931 erstes Bühnenengagement. Zwischen 1933 und 1955 in München, Berlin, Tübingen und in Düsseldorf, wohin sie Gustaf Gründgens folgte. Mit dem verehrten Theatergott 1955 ans Hamburger Schauspielhaus, wo sie ihre künstlerischen Höhepunkte erlebte. Nach Gründgens' Tod, 1963, kein festes Engagement mehr. Ihre Filmauftritte waren Übertragungen von Theatererfahrungen.

1935: Großreinemachen; 1937: Der zerbrochene Krug; 1938: Der Maulkorb; Ein Mädchen geht an Land; Jugend; 1939: Der Schritt vom Wege; Die barmherzige Lüge; Robert Koch; 1940: Trenck, der Pandur; 1941: Ohm Krüger; 1942: Der große König; Rembrandt; Zwischen Himmel und Erde; 1943: Altes Herz wird wieder jung; Die beiden Schwestern; Romanze in Moll; 1944: Familie Buchholz; Neigungsehe; Philharmoniker; 1945: Meine Herren Söhne; 1949: Madonna in Ketten; 1950: König für eine Nacht; 1952: Toxi; Der Tag vor der Hochzeit; 1953: Hokuspokus; Das ideale Brautpaar; 1954: Rittmeister Wronski; 1955: Sohn ohne Heimat; 1956: Herrscher ohne Krone; 1958: Auferstehung; Wir Wunderkinder; 1960: Agathe, laß das Morden sein; Faust; Die Bande des Schreckens; 1962: Das Gasthaus an der Themse; 1963: Das indische Tuch; 1964: Das Phantom von Soho; Lausbubengeschichten; 1965: DM-Killer; Tante Frieda; 1967: Der Lügner und die Nonne; 1968: Wenn Ludwig ins Manöver zieht; 1969: Ludwig auf Freiersfüßen; 1974: Undine; Als Mutter streikte; 1976: Mitgift.

Willi Forst

7. 4. 1903 in Wien – 12. 8. 1980 in Wien (eigentlich Wilhelm Frohs). Sohn eines Porzellanmalers, Autodidakt. Mit sechzehn Komparse in der Provinz, 1925 Metropoltheater, Berlin. Entschied sich nach dreijährigem Engagement am Deutschen Theater unter Max Reinhardt, nur noch im Film zu spielen. In frühen Streifen verkörperte er oft Mörder und Zuhälter, später in Komödien Charmeure und Liebhaber. Erster größerer Erfolg in einer kleinen Rolle im ersten deutschen Tonfilm *Atlantic* (1929). Glänzte neben Willy Fritsch und Lilian Harvey in *Ein blonder Traum* und in vielen anderen Rollen. Ab 1933 auch Regie. Lehnte es ab, in dem Veit-Harlan-Film *Jud Süß* mitzuwirken.

1922: Der verwechselte Filmstar; 1927: Die drei Niemandskinder; Die elf Teufel; 1928: Amor auf Ski; Ein besserer Herr; Die blaue Maus; Die lustigen Vagabunden; 1929: Fräulein Fähnrich; Katharina Knie. *Tonfilme:* 1929: Atlantic; Gefahren der Brautzeit; 1930: Zwei Herzen im ¾-Takt; Das Lied ist aus; Ein Tango für Dich; 1931: Der Raub der Mona Lisa; Die lustigen Weiber von Wien; 1932: Der Prinz von Arkadien; Ein blonder Traum; Peter Voß, der Millionendieb; So ein Mädel vergißt man nicht; 1933: Brennendes Geheimnis; Ihre Durchlaucht, die Verkäuferin; Leise flehen meine Lieder; 1934: Maskerade (Regie); Ich kenn' Dich nicht und liebe Dich; So endete eine Liebe; 1935: Königswalzer; Mazurka (Regie); 1936: Allotria (Regie); Burgtheater (Regie); 1937: Serenade; 1938: Bel Ami; 1939: Ich bin Sebastian Ott; 1940: Operette; 1942: Wiener Blut; 1943: Frauen sind keine Engel (Regie); 1945: Wiener Mädeln; 1951: Es geschehen noch Wunder (Regie); 1954: Bei Dir war es immer so schön; Weg in die Vergangenheit; 1961: Operette aus Wien.

Rudolf Forster

30. 10. 1884 in Gröbming/Steiermark – 26. 10. 1968 in Bad Aussee. Studium am Wiener Konservatorium; Bühnendebüt in Brefstadt, Böhmen. Spielte dann am Wiener Theater in der Josefstadt und in der Folge in allen europäischen Metropolen wie München, St. Petersburg, Berlin, Bukarest u. a. Von 1937 bis 1940 sogar am Broadway in englischer Sprache. Neben George und Bassermann einer der großen Darsteller des deutschsprachigen Films von den »Goldenen Zwanzigern« bis zur Nachkriegszeit. 1967 erschien von ihm das Erinnerungsbuch »Das Spiel – mein Leben«, in dem er u. a. seine Begegnungen mit berühmten Zeitgenossen wie Trotzki oder Kokoschka schildert.

1920: Kurfürstendamm; Der Schieberkönig; Manolescus Memoiren; Moj; Morel; Meister der Kette; Tyrannei des Todes; 1921: Amor am Steuer; Der ewige Fluch; Die Amazone; 1922: Am Rande der Großstadt; Frau Sünde; Lydia Ssanin; 1923: Erdgeist; Die Marionetten der Fürstin; Tragödie der Liebe; 1924: Horrido; 1925: Zur Chronik von Grieshuus; 1926: Sein großer Fall; 1927: Feme; Die Hose; Pique Dame. *Tonfilme:* 1931: Ariane; Die Dreigroschenoper; Yorck; 1932: Der träumende Mund; Die Gräfin von Monte Christo; 1933: Morgenrot; 1934: Hohe Schule; 1935: Nur ein Komödiant; 1937: Die ganz großen Torheiten; 1942: Wien 1910; 1944: Der gebieterische Ruf; Ein Blick zurück; 1945: Fahrt ins Glück; 1950: Der Mann, der zweimal leben wollte; 1951: Unvergängliches Licht; 1952: Im weißen Rößl; 1954: Viktoria und ihr Husar; Rittmeister Wronski; 1955: Spionage; 1956: Regine; Waldwinter; Kaiserjäger; 1957: Die unentschuldigte Stunde; Skandal in Ischl; 1959: Die Halbzarte; Der Rest ist Schweigen; 1960: Das Glas Wasser; 1961: Via Mala; Das Riesenrad; 1962: Lulu; 1963: Moral 63; Der Kardinal / The Cardinal; 1964: Tonio Kröger; 1965: Wälsungenblut; 1969: Von Haut zu Haut.

Horst Frank

28. 5. 1929 in Lübeck. Lehre als Exportkaufmann. Finanzierte sein Studium als Schauspieler an der Musikhochschule in Hamburg selbst mit Gelegenheitsjobs. Fällt zwar durch die Abschlußprüfung, erhält aber trotzdem ein Engagement am Stadttheater Lübeck. Spielt in Bonn, Basel und Zürich Theater und dann im Fernsehen (Südwestfunk, Baden-Baden). 1957 beginnt seine Filmkarriere zunächst mit Kriegsfilmen, doch schon bald wird er ein internationaler Star. Erste Ehe 1960 mit der Schauspielerin Chariklia Baxevanos; lebte einige Jahre in Afrika. Wirkte bis heute in mehr als 150 Film- und Fernsehproduktionen mit. Geht auch auf Theatertourneen. Inzwischen zum viertenmal verheiratet. Spielt in den achtziger Jahren nur noch in TV-Filmen mit. 1981 erschienen seine Memoiren »Leben heißt Leben«.

1956: Der Stern von Afrika; 1957: Haie und kleine Fische; Der Greifer; 1958: Blitzmädels an die Front; Das Mädchen Rosemarie; Das Mädchen vom Moorhof; Meine 99 Bräute; Hunde, wollt ihr ewig leben; 1959: Die Katze zeigt die Krallen / La chatte sort ses griffes; Die Nackte und der Satan; Bumerang; 1960: Die zornigen jungen Männer; Fabrik der Offiziere; 1961: Treibjagd auf ein Leben; 1963: Die weiße Spinne; Die Flußpiraten vom Mississippi; 1964: Das Geheimnis der chinesischen Nelke; Die letzten Zwei vom Rio Bravo; Die Goldsucher von Arkansas; 1965: Das Geheimnis der drei Dschunken; Der Spion, der in die Hölle ging / Corrida pour un éspion; Die letzten Drei der Albatros; 1966: Für eine Handvoll Diamanten; Fünf vor 12 in Caracas; Die Rache des Dr. Fu Man Chu / The Vengeance of Fu Manchu; 1967: Django und die Bande der Gehenkten/Preparati la bara; 1968: Fünf gegen Casablanca/Attentato ai tre grandi; 1970: Und Jimmy ging zum Regenbogen; 1971: Fluchtweg St. Pauli; 1974: Das Amulett des Todes; 1975: Auch Mimosen wollen blühen; Der flüsternde Tod; 1976: Das Gesetz des Clans; 1979: Das Traumhaus.

Willy Fritsch

27. 1. 1901 in Kattowitz – 13. 7. 1973 in Hamburg. Schauspielschule in Berlin, 1921 erste Filmrolle, 1928 erstmals mit Lilian Harvey. Nach dem Krieg problemloser Wechsel vom Liebhaber zum Vaterdarsteller. Verheiratet mit der Tänzerin Dinah Grace. Sein Sohn Thomas Fritsch machte nach dem Zweiten Weltkrieg ebenfalls Karriere als Schauspieler. 1964 Veröffentlichung der Lebenserinnerungen: » ... das kommt nicht wieder«.

1921: Miss Venus; 1923: Seine Frau, die Unbekannte; 1924: Mutter und Kind; 1925: Blitzzug der Liebe; Der Farmer aus Texas; Der Tänzer meiner Frau; Walzertraum; 1926: Die Boxerbraut; Fahrt ins Abenteuer; Die keusche Susanne; Der Prinz und die Tänzerin; 1927: Der letzte Walzer; Schuldig; 1928: Ihr dunkler Punkt; Spione; Der Tanzstudent; Die Carmen von St. Pauli; 1929: Frau im Mond; Melodie des Herzens, *Tonfilme:* 1930: Die Drei von der Tankstelle; Einbrecher; Hokuspokus; Liebeswalzer; Der Kongreß tanzt; Ihre Hoheit befiehlt; Ronny; 1932: Ein blonder Traum; Der Frechdachs; Ein toller Einfall; Ich bei Tag und Du bei Nacht; 1933: Walzerkrieg; 1934: Die Töchter Ihrer Exzellenz; Prinzessin Turandot; 1935: Amphitryon; Schwarze Rosen; 1936: Boccaccio; Glückskinder; 1937: Sieben Ohrfeigen; 1938: Das Mädchen von gestern Nacht; Preußische Liebesgeschichte; 1939: Frau am Steuer; Die Geliebte; 1940: Die keusche Geliebte; 1941: Dreimal Hochzeit; Frauen sind doch bessere Diplomaten; Leichte Muße; 1942: Geliebte Welt; Wiener Blut; 1943: Der kleine Grenzverkehr; Die Gattin; Liebesgeschichten; 1944: Junge Adler; 1945: Die Fledermaus; 1948: Film ohne Titel; Finale; 1949: Derby; Kätchen für alles; 1950: Schatten der Nacht; König für eine Nacht; 1951: Die Dubarry; Grün ist die Heide; 1952: Ferien vom Ich; 1953: Wenn der weiße Flieder wieder blüht; Damenwahl; 1954: Maxie; 1955: Stern von Rio; Die Drei von der Tankstelle; 1956: Solange noch die Rosen blühn; Schwarzwaldmelodie; 1957: Die Beine von Dolores; 1958: Mit Eva fing die Sünde an; 1960: Liebling der Götter; 1961: Was macht Papa denn in Italien; 1964: Das hab ich von Papa gelernt.

Gert Fröbe

25. 2. 1913 in Planitz bei Zwickau (eigentlich Karl-Gerhard Froeber). Mit vierzehn nach Unfall ein Jahr fast gelähmt. Zuerst Bleigießer in einer Maschinenfabrik; dann Schauspielunterricht und Engagements in Wuppertal, Frankfurt am Main, Wien und München, wo er Brecht und Morgenstern rezitierte und als Kabarettist erfolgreich war. Seine erste Filmrolle als »Otto Normalverbraucher« machte ihn zwar bekannt, doch konnte ihn der deutsche Film danach nicht seinem Typ entsprechend einsetzen. Erst auf dem Umweg über Frankreich gelang ihm auch im eigenen Land der Durchbruch, spielte er prägnante Neben- und Hauptrollen und wurde einer der wenigen internationalen Stars des deutschen Nachkriegsfilms.

1948: Berliner Ballade; 1949: Nach Regen scheint Sonne; 1952: Der Tag vor der Hochzeit; 1953: Ein Herz spielt falsch; Salto Mortale; Arlette erobert Paris; 1954: Morgengrauen; 1955: Die Helden sind müde / Les héros sont fatigués; Ein Mädchen aus Flandern; 1956: Robinson soll nicht sterben; 1957: Der tolle Bomberg; 1958: Nasser Asphalt; Grabenplatz 17; Das Mädchen Rosemarie; Der Pauker; 1959: Und ewig singen die Wälder; 1960: Die 1000 Augen des Dr. Mabuse; 1961: Im Stahlnetz des Dr. Mabuse; Mein Mann, das Wirtschaftswunder; Via Mala; 1962: Die Dreigroschenoper; 1963: 100000 Dollar in der Sonne / Centomilla dollari a sole; 1964: Goldfinger / Goldfinger; 1966: Ganovenehre; Brennt Paris? / Paris brûle-t-il?; 1969: Monte Carlo Rallye / Monte Carlo or Bust; 1973: Der Mann ohne Gesicht / L'homme sans visage; 1974: Der Räuber Hotzenplotz; 1975: Mein Onkel Theodor; 1977: Das Schlangenei / The Serpent's Egg; Tod oder Freiheit; 1978: Der Schimmelreiter; 1980: Die Regenschirmmörder / Le coup du parapluie. 1981: Der Falke / Banović strahinja.

Gustav Fröhlich

21. 3. 1902 in Hannover. Zuerst Redakteur bei einer Provinzzeitung und Autor von Groschenromanen. Kam über die Wanderbühne zum Theater und spielte in Stuttgart, Frankfurt am Main und Berlin, wo er auch den Durchbruch schaffte in Stücken wie »Dantons Tod« (als Camille) oder »Unter dem karibischen Mond« von O'Neill. Von Fritz Lang für die Leinwand entdeckt, hatte er bereits zahlreiche Rollen im Stummfilm übernommen, ehe er in den dreißiger und vierziger Jahren zu einem der meistbeschäftigten Stars avancierte. 1930 gab er ein kurzes Gastspiel in Hollywood, er wirkte dort in zwei Filmen mit und richtete die deutschen Fassungen amerikanischer Produktionen ein. Schrieb auch Drehbücher und führte besonders nach dem Zweiten

Weltkrieg immer häufiger Regie, bis er sich 1960 vom Film ganz zurückzog in sein Haus in Brissago am Lago Maggiore.

1925: Die Frau mit dem schlechten Ruf; Friesenblut; Schiff in Not; 1926: Die Frau, die nicht »nein« sagen kann; 1927: Die leichte Isabell; Gehetzte Frauen; Jugendrausch; Der Meister von Nürnberg; 1928: Angst; Heimkehr; Hurrah, ich lebe; 1929: Asphalt; Das brennende Herz; Hochverrat. *Tonfilme:* 1930: Brand in der Oper; Der unsterbliche Lump; 1931: Liebeskommando; Mein Leopold; Voruntersuchung; 1932: Die verliebte Firma; Ein Mann mit Herz; Unter falscher Flagge; 1933: Die Nacht der großen Liebe; Was Frauen träumen; Rakoczy-Marsch; 1934: Der Flüchtling aus Chicago; 1935: Barcarole; Ein Teufelskerl; Liebesleute; Oberwachtmeister Schwenke; 1936: Die Entführung; Stunde der Versuchung; Stadt Anatol; Gleisdreieck; 1937: Alarm in Peking; 1938: Die kleine und die große Liebe; Frau Sixta; In geheimer Mission; 1939: Alarm auf Station III; Renate im Quartett; 1940: Alles Schwindel; Herz geht vor Anker; Herz modern möbliert; Ihr Privatsekretär; 1941: Clarissa; 1942: Der große König; Mit den Augen einer Frau; 1943: Tolle Nacht; 1944: Das Konzert; Der große Preis; Familie Buchholz; Neigungsehe; 1945. Der große Fall; 1946: Sag die Wahrheit; 1948: Das verlorene Gesicht; 1949: Diese Nacht vergeß' ich nie; 1950: Die Sünderin; 1951: Stips; 1952: Haus des Lebens; Ehe für eine Nacht; 1953: Die kleine Stadt will schlafen gehen; 1954: Rosen aus dem Süden; Ball der Nationen; 1956: Vergiß, wenn Du kannst; 1960: Und keiner schämte sich.

Bruno Ganz

22. 3. 1941 in Zürich. Mutter Italienerin, Vater Schweizer. Schauspielausbildung am Zürcher Bühnenstudio. 1961 erste Filmrolle. Arbeitete unter Zadek in Bremen und gehörte zur Kerntruppe der Schaubühne am Halleschen Ufer, Berlin. 1973 von den Theaterkritikern zum »Schauspieler des Jahres« gewählt. Zog sich immer mehr vom Theater zurück und widmete sich ab 1975 ausschließlich dem Film. Sowohl von Schweizer Regisseuren (Goretta, Tanner) wie auch deutschen und französischen eingesetzt, zählt er zu den Spitzenstars des europäischen Gegenwartsfilms. Heiratete 1965 und lebt seit 1978 wieder in Zürich.

1967: Der sanfte Lauf; 1975: Sommergäste; Die Marquise von O.; 1976: Die Wildente; 1977: Der amerikanische Freund; Die linkshändige Frau; 1978: Messer im Kopf; Schwarz und weiß wie Tage und Nächte; Nosferatu; 1980: Die Verweigerung / La provinciale; Polenta; Der Erfinder; 1981: Die Fälschung; Gedächtnis; 1982: In der weißen Stadt / Dans la ville blanche; 1983: System ohne Schatten.

Heinrich George

9. 10. 1893 in Stettin – 26. 9. 1946 in Sachsenhausen bei Berlin. Schauspielunterricht in Stettin, kam über Kolberg, Bromberg und Neustrelitz nach Wien und ab 1922 nach Berlin. 1921 zum Film, spielte auch in USA und England. 1938 bis 1945 von den Nazis eingesetzter Generalintendant am Berliner Schiller-Theater. Verheiratet mit der Schauspielerin Berta Drews, Sohn Götz George. 1945 in Sachsenhausen bei Berlin interniert; starb dort nach einer Operation.

1921: Kean; Lady Hamilton; 1922: Lukrezia Borgia; 1923: Erdgeist; Der Mensch am Wege; 1924: Soll und Haben; 1926: Überflüssige Menschen; 1927: Metropolis; Das Meer; 1928: Rutschbahn; Kinder der Straße; 1929: Der Mann mit dem Laubfrosch. *Tonfilme:* 1930: Menschen im Käfig; Der Mann, der den Mord beging; 1931: Berlin-Alexanderplatz; 1933: Das Meer ruft; Schleppzug M 17; Hitlerjunge Quex; Reifende Jugend; 1934: Hermine und die sieben Aufrechten; 1935: Das Mädchen Johanna; Stützen der Gesellschaft; 1936: Wenn der Hahn kräht; Stjenka Rasin; 1937: Ball im Metropol; Unternehmen Michael; Ein Volksfeind; Der Biberpelz; Frau Sylvelin; 1938: Heimat; Das unsterbliche Herz; 1939: Sensationsprozeß Casilla; 1940: Der Postmeister; Jud Süß; Friedrich Schiller; 1941: Schicksal; Hochzeit auf Bärenhof; Der große Schatten; Andreas Schlüter; 1943: Der Verteidiger hat das Wort; 1944: Die Degenhardts; 1944/45: Kolberg; Das Mädchen Juanita.

Walter Giller

23. 8. 1927 in Recklinghausen. Medizinstudium, nebenher Arbeit als Beleuchter an den Hamburger Kammerspielen. 1948 Regieassistenz am Theater und im Film unter Käutner und Liebeneiner. Ein Jahr später begann seine Filmkarriere, in der er nur selten Gelegenheit hatte, ernste Rollen zu spielen wie in Staudtes *Rosen für den Staatsanwalt.* Heiratete 1956 die Schauspielerin Nadja Tiller. Als sich der Neue Deutsche Film durchzusetzen begann, blieb er bei der alten Mannschaft oder arbeitete in Österreich und Italien. Zuletzt Auftritte im deutschen Fernsehen.

1949: Artistenblut; 1950: Kein Engel ist so rein; 1951: Die Frauen des Herrn S.; Primanerinnen; 1952: Der bunte Traum; 1953: Skandal im Mädchenpensionat; Die tolle Lola; 1954: Sie; An jedem Finger zehn; 1955: Die Drei von der Tankstelle; Charleys Tante; Schwedenmädel; 1956: Das Sonntagskind; Der Hauptmann von Köpenick; Der schräge Otto; Schwarzwaldmelodie; 1957: Das Glück liegt auf der Straße; Blaue Jungs; 1959: Liebe auf krummen Beinen; Rosen für den Staatsanwalt; 1960: Ingeborg; Heldinnen; 1961: Geliebte Hochstaplerin; Affäre Nina B. / L'affaire Nina B.; Drei Mann in einem Boot; 1962: Dreigroschenoper; 1963: Schloß Gripsholm; Das große Liebesspiel; 1964: Tonio Kröger; Fanny Hill; 1965: DM-Killer; 1966: Ich suche einen Mann; Pfeifen, Betten, Turteltauben; 1967: Johnny Banco; 1968: Ein »feines« Pärchen / Ruba al prossimo tuo; 1969: Klassenkeile; 1970: Die Herren mit der weißen Weste; Die Feuerzangenbowle; 1973: Ein Käfer auf Extratour; 1975: Das verrückteste Auto der Welt.

Helmut Griem

6. 4. 1932 in Hamburg. Studium der Germanistik und Philosophie. Während der Studienzeit Arbeit am Kabarett, danach ans Lübecker Theater für das Stück »Der Regenmacher« engagiert. Gehörte ab 1961 zum Ensemble der Münchner Kammerspiele. Filmdebüt mit *Fabrik der Offiziere* (1960); drehte in der Folgezeit unter renommierten Regisseuren wie Käutner, Visconti und Claude Sautet. Seit der Böll-Verfilmung *Ansichten eines Clowns* (1975) einer der wichtigen Stars des Neuen Deutschen Films.

1960: Fabrik der Offiziere; 1961: Barbara; Bis zum Ende aller Tage; 1962: Der Traum von Lieschen Müller; 1964: Alles wegen dieser Frauen / A cause, á cause d'une femme; 1969: Die Verdammten / La Caduta degli Dei; 1970: Ausbruch der Verdammten / The McKenzie Break; 1972: Cabaret / Cabaret; Die Moral der Ruth Halbfass; 1973: Ludwig / Ludwig II; 1975: Ansichten eines Clowns; 1976: Die Reise der Verdammten / Voyage of the Damned; Die Tatarenwüste / Il Deserto dei Tartari; 1978: Die gläserne Zelle; 1980: Kaltgestellt; Malou; 1981: Der Zauberberg; Stachel im Fleisch; Die Spaziergängerin von Sanssouci / La passante du Sans-Souci.

Gustaf Gründgens

22. 12. 1899 in Düsseldorf – 7. 10. 1963 in Manila. Freiwilliger im Ersten Weltkrieg, nach Verwundung 1918 Schauspieldebüt am Fronttheater Saarlouis. Nach dem Krieg Schauspielschule, danach Theaterengagements u.a. in Düsseldorf, Berlin und Hamburg. 1926 Heirat mit Erika Mann. Ab 1929 beim Film. 1934 Intendant des Staatlichen Schauspielhauses. 1936 Heirat mit Marianne Hoppe. 1942 Truppenbetreuer in Norwegen. Nach dem Krieg neun Monate Internierungslager, danach Generalintendant in Düsseldorf und ab 1955 auch in Hamburg.

1930: Ich glaub' nie mehr an eine Frau; Hokuspokus, Va banque; Brand in der Oper; 1931: Danton; M; Der Raub der Mona Lisa; Luise, Königin von Preußen; Yorck; 1932: Die Gräfin von Monte Christo; Teilnehmer antwortet nicht; Eine Stadt steht

Kopf (auch Regie); 1933: Liebelei; Die schönen Tage von Aranjuez; Der Tunnel; Die Finanzen des Großherzogs (Regie); 1934: Schwarzer Jäger Johanna; So endete eine Liebe; Das Erbe von Pretoria; 1935: Hundert Tage; Das Mädchen Johanna; Pygmalion; 1936: Eine Frau ohne Bedeutung; 1937: Capriolen (auch Regie); 1938: Tanz auf dem Vulkan; Der Schritt vom Wege (auch Regie); 1939: Zwei Welten (auch Regie); 1941: Ohm Krüger; Friedemann Bach; 1960: Das Glas Wasser; Faust.

Lilian Harvey

19. 1. 1906 in Muswell bei London – 27. 7. 1968 Cap d'Antibes (eigentlich Lillian Muriel Helen Harvey). Kam als Kind nach Berlin, dort Tanzunterricht bei Mary Zimmermann. 1925 von Robert Land fürs Kino entdeckt, von Richard Eichberg gefördert, mit Tonfilmbeginn bedeutendster weiblicher Ufa-Star. Zwischen 1933 und 1945 in Hollywood, 1939 verließ sie Deutschland endgültig. Im Zweiten Weltkrieg als Rote Kreuz-Schwester engagiert. Auf der 24. Berlinale Retrospektive ihrer Filme.

1925: Der Fluch; Die Liebschaften der Hella von Gilsa; Liebe und Trompetenblasen; Die Kleine vom Bummel; 1926: Prinzessin Trulala; Die keusche Susanne; 1927: Die tolle Lola; Eheferien; 1928: Du sollst nicht stehlen; Eine Nacht in London / One Night of London; 1929: Ihr dunkler Punkt; Adieu Mascotte; Wenn du einmal dein Herz verschenkst. *Tonfilme:* 1930: Liebeswalzer; Hokuspokus; Die Drei von der Tankstelle; Einbrecher; 1931: Nie wieder Liebe; Der Kongreß tanzt; 1932: Quick; Zwei Herzen und ein Schlag; Ein blonder Traum; 1933: Ich und die Kaiserin; (in den USA:) My Lips betray; My Weakness; 1934: I am Suzan; 1935: Let's Live Together; Invitation to the Waltz; (in Deutschland:) Schwarze Rosen; 1936: Glückskinder; 1937: Sieben Ohrfeigen; Fanny Elßler; 1938: Capriccio; 1939: Ins blaue Leben / Castelli in Aria; Frau am Steuer; 1940 (in Frankreich:) Serenade; Miquette.

O. E. Hasse

11. 7. 1903 in Obersitzka/Posen – 12. 9. 1978 in Berlin (eigentlich Otto Eduard Hasse). Sohn eines Schmieds, Laientheater, drei Semester Jura, Reinhardt-Seminar, Berlin; Bühnendebüt am Harzer Sommertheater in Thale, dann Berlin, Breslau und von 1930–1939 Münchner Kammerspiele. 1949–1954 Hebbel-Theater und Schiller-Theater, Berlin. Gastspiele in die BRD, nach Österreich und in die Schweiz. Beginn seiner eigentlichen Filmkarriere erst nach dem Zweiten Weltkrieg; spielte auch unter Hitchcock und war in Litvaks *Entscheidung vor Morgengrauen* (1950) der Gegenspieler von Clark Gable. Berühmt durch *Canaris.* Auch Hauptrollen im französischen Nachkriegsfilm. 1961 Theatergastspiel mit Elisabeth Bergner durch die USA mit Shaws »Geliebter Lügner«. Zuletzt auch Auftritte im deutschen Fernsehen.

1932: Kreuzer Emden; Muß man sich gleich scheiden lassen?; Peter Voß, der Millionendieb; 1933: Fräulein Hoffmanns Erzählungen; 1934: Die vertauschte Braut; Peer Gynt; 1935: Der Gefangene des Königs; 1936: Der schüchterne Casanova; Die große und die kleine Welt; Diener lassen bitten; 1937: So weit geht die Liebe nicht; 1939: Drei wunderschöne Tage; 1941: Stukas; Alles für Gloria; Illusion; 1942: Rembrandt; Dr. Crippen an Bord; 1943: Der ewige Klang; 1944: Der Täter ist unter uns; Aufruhr der Herzen; 1948: Berliner Ballade; 1949: Anonyme Briefe; 1950: Epilog; Entscheidung im Morgengrauen / Decision Before Dawn; 1952: Der große Zapfenstreich; 1953: Ich beichte / I Confess; 1954: Canaris; 1955: 08/15, 2. Teil; 08/15 in der Heimat; Alibi; 1956: Kitty und die große Welt; Die Letzten werden die Ersten sein; 1957: Arsene Lupin, der Millionendieb / Les aventures d'Arsène Lupin; Spione am Werk / Les éspions; 1958: Der Arzt von Stalingrad; Der Maulkorb; Solange das Herz schlägt; 1959: Frau Warrens Gewerbe; 1960: Affäre Nabob/Au voleur; Die Ehe des Herrn Mississippi; Das Leben beginnt um 8; 1962: Lulu; 1964: Die Todesstrahlen des Dr. Mabuse; 1965: Drei Zimmer in Manhattan/Trois chambres á Manhattan; 1972: Der unsichtbare Aufstand/ Etat de siège; 1974: Eiszeit.

Heidemarie Hatheyer

8. 4. 1919 in Villach/Kärnten. Schauspielunterricht bei Anna Kainz in Wien. Spielte zuerst komische Rollen. Bühnenstationen: Kabarett »Literatur am Naschmarkt«, Wien; ab 1937 Münchner Kammerspiele, ab 1942 unter Gründgens am Berliner Staatstheater. Im Film berühmt als *Geierwally* (1940). Melodramatische Filmrollen während der Kriegsjahre. 1949 bereits wieder vor der Kamera in dem Trümmerfilm *Wohin die Züge fahren.* Wirkte noch in einer Reihe von Nachkriegsfilmen mit, besonders aber Theaterarbeit als Medea, Mutter Courage u. a. Verheiratet mit dem Schriftsteller Curt Riess.

1937: Der Berg ruft; 1938: Frau Sixta; Zwischen Strom und Steppe; 1939: Ein ganzer Kerl; 1940: Die Geierwally; 1941: Ich klage an; 1942: Die Nacht in Venedig; Der große Schatten; 1943: Man rede mir nicht von Liebe; 1944: Die Jahre vergehen; 1949: Wohin die Züge fahren; Begegnung mit Werther; 1950: Dieser Mann gehört mir; Der Mann, der zweimal leben wollte; Vom Teufel gejagt; 1951: Dr. Holl; Das letzte Rezept; 1952: Mein Herz darfst Du nicht fragen; 1953: Pünktchen und Anton; 1954: Sauerbruch; 1955: Du darfst nicht länger schweigen; Die Ratten; Liebe ohne Illusion; 1956: Die Ehe des Dr. med. Danwitz; Der Meineidbauer; 1957: Und führe uns nicht in Versuchung; 1958: Solange das Herz schlägt; 1961: Ruf der Wildgänse; 1964: Heiß weht der Wind.

Johannes Heesters

5. 2. 1902 in Amersfoort (eigentlich Joe Heesters). Spielte nach Absolvierung der Schauspielschule zuerst klassisches Theater in Amsterdam, bis sein musikalisches Talent entdeckt wurde. In Wien sang er dann 1934 seine erste Operette »Der Bettelstudent« in deutscher Sprache. Bis Ende 1935 stand er noch in Berlin auf der Bühne, bis ihn der Ufa-Regisseur Karl Hartl für den Film entdeckte. Danach begann sein steiler Aufstieg, die leichte Muse wurde sein Metier: Revue, Komödie, Filmoperette. Nach dem Ende seiner Filmlaufbahn weiter am Theater und im Fernsehen aktiv. Tochter Nicole Heesters. Der Titel seiner Memoiren: »Es kommt auf die Sekunde an. Erinnerungen an ein Leben im Frack«.

1936: Das Hofkonzert; Der Bettelstudent; Die Leuchter des Kaisers; 1937: Gasparone; Wenn Frauen schweigen; 1938: Nanon; 1939: Das Abenteuer geht weiter; Hallo Janine; Meine Tante – Deine Tante; 1940: Rosen in Tirol; Die lustigen Vagabunden; Liebesschule; 1941: Illusion; Immer nur Du; Jenny und der Herr im Frack; 1943: Karneval der Liebe; 1944: Es fing so harmlos an; Es lebe die Liebe; Glück bei den Frauen; 1945: Die Fledermaus; Frech und verliebt; 1947: Wiener Melodien; 1950: Wenn eine Frau liebt; Zweimal verliebt; 1951: Die Csárdásfürstin; Professor Nachtfalter; Tanz ins Glück; 1952: Im weißen Rößl; 1953: Die geschiedene Frau; Hab' ich nur Deine Liebe; Liebeskrieg nach Noten; 1954: Bel Ami; 1955: Stern von Rio; Gestatten, mein Name ist Cox; 1956: Und wer küßt mich?; Heute heiratet mein Mann; Opernball; 1957: Viktor und Viktoria; Bühne frei für Marika; Frau im besten Mannesalter; 1959: Die unvollkommene Ehe; 1961: Junge Leute brauchen Liebe.

Brigitte Helm

17. 3. 1908 in Berlin (eigentlich Brigitte Gisela Eve Schittenhelm). Erste Auftritte schon beim Schultheater. Fritz Lang entdeckte sie für *Metropolis* (1927). Sie wurde mit ihrer schwierigen Doppelrolle in diesem Stummfilm berühmt. Nach zehnjähriger Filmkarriere aufgrund eines schuldhaften Autounfalls Abschied von der Filmlaufbahn. Sie heiratete 1936 einen reichen Industriellen und zog sich völlig ins Privatleben zurück.

1927: Metropolis; Am Rande der Welt; Die Liebe der Jeanne Ney; Alraune; 1928: Abwege; Die Yacht der sieben Sünden; Skandal in Baden-Baden; 1929: Manolescu; Die wunderbare Lüge der Lina Petrowka. *Tonfilme:* 1930: Alraune; Die singende Stadt; 1931: Gloria; Im Geheimdienst; 1932: Die Gräfin von Monte Christo; Die Herrin von Atlantis; Eine von uns; Hochzeitsreise zu Dritt; 1933: Der Läufer von Marathon; Die schönen Tage von Aranjuez; Inge und die Millionen; Spione am Werk; 1934: Die Insel; Fürst Woronzeff; Gold; 1935: Ein idealer Gatte.

Paul Henckels

9. 9. 1885 in Hürth – 27. 5. 1967 in Kettwig bei Düsseldorf. Schauspielschüler von Louise Dumont und Gustav Lindemann. Begann als Schauspieler, später auch Regisseur und stellvertretender Direktor am Düsseldorfer Schauspielhaus. Mitbegründer des Berliner Schloßparktheaters. 1936–1945 Ensemblemitglied der Berliner Staatstheater unter Gustaf Gründgens. Erste Filmrolle *I.N.R.I* (1923), danach über 180 Filme.

1923: I.N.R.I.; 1925: Das Haus der Lüge; 1926: Staatsanwalt Jordan; 1927: Feme; Frühere Verhältnisse; 1928: Der Biberpelz; Der Ladenprinz; Ledige Mütter; Therèse Raquin; 1929: Die Frau ohne Nerven, Die Liebe der Brüder Rott; Meineid; Das närrische Glück; Tagebuch einer Kokotte. *Tonfilme:* 1930: Cyankali; Der unsterbliche Lump; Die zärtlichen Verwandten; Dreyfus; Einbrecher; 1931: Der wahre Jakob; Gloria; Kadetten; Man braucht kein Geld; Mein Leopold; Schneider Wibbel; 1932: Der Hexer; Der tolle Bomberg; Mieter Schulze gegen alle; 1933: Das Testament des Dr. Mabuse; Der Traum vom Rhein; Glückliche Reise; Heideschulmeister Uwe Karsten; Kleiner Mann – was nun?; 1934: Abschiedswalzer; Charleys Tante; Ferien vom Ich; 1935: Alle Tage ist kein Sonntag; Ein idealer Gatte; Hermine und die sieben Aufrechten; 1936: Das Hermännchen; Der lustige Witwenball; Die unmögliche Frau; Drei tolle Tage; Paul und Pauline; Schabernack; 1937: Capriolen; Karussell; 1938: Der Maulkorb; Napoleon ist an allem schuld; Skandal um den Hahn; 1939: Der Florentiner Hut; 12 Minuten nach 12; Friedrich Schiller; Herz modern möbliert; Was wird hier gespielt; 1941: Frau Luna; Immer nur Du; Männerwirtschaft; 1942: Der Strom; Hab' mich lieb; Rembrandt; So ein Früchtchen; Wiener Blut; 1943: Das Bad auf der Tenne; 1944: Die Feuerzangenbowle; Die Zaubergeige; Träumerei; 1945: Das kleine Hofkonzert; Kolberg; 1949: Hafenmelodie; 1952: Einmal am Rhein; Ferien vom Ich; Der fröhliche Weinberg; 1953: Hollandmädel; 1954: Maxie; 1955: Drei Mädels vom Rhein; Die Mädels vom Immenhof; 1956: Drei Birken auf der Heide; Hochzeit auf Immenhof; Kirschen in Nachbars Garten; 1957: Ferien auf Immenhof; Der tolle Bomberg; 1959: Immer die Mädchen; 1961: Via Mala.

Paul Hörbiger

29. 4. 1894 in Budapest – 5. 3. 1981 in Wien. Sohn eines Tiroler Orgelbauers; studierte zuerst Chemie und wollte Berufsoffizier werden, ging aber zum Theater, als die Familie verarmte. Beginn der Bühnenlaufbahn in Böhmen mit Nestroys »Lumpazivagabundus« (verfilmt 1937 mit Hörbiger und Rühmann); ab 1920 am Deutschen Theater in Prag, ab 1926 Hauptrollen an den großen Berliner Bühnen. Von seinen über 200 Filmen gehören *Der Kongreß tanzt* (1931), *Die große Liebe* (1942) und *Hallo Dienstmann* (1952) zu den bekanntesten. Verhalf jüdischen Mitbürgern zur Flucht und mußte auf Anordnung von Goebbels 1940 Berlin verlassen. Seine einzige Begegnung mit Hitler kommentierte er später: »Ein läppischer Mensch, der aus der Goschen stinkt.« Von 1940 bis 1946 Mitglied des Wiener Burgtheaters. Von den Nationalsozialisten wegen »Hochverrats« zum Tode verurteilt, die Vollstrekkung des Urteils verhinderte der Einmarsch der alliierten Truppen. In seinen letzten Lebensjahren züchtete er Orchideen und trat häufig im Fernsehen auf.

1928: Sechs Mädchen suchen Nachtquartier; G'schichten aus dem Wienerwald; Ungarische Rhapsodie; 1929: Die Frau, die jeder liebt. *Tonfilme:* 1930: Der unsterbliche Lump; Nur Du; Das alte Lied; 1931: Die Försterchristl; Grock; Der Kongreß tanzt; Walzerparadies; Der verjüngte Adolar; 1932: Peter Voß, der Millionendieb; Drei von der Kavallerie; Ein blonder Traum; Scampolo; Trenck, der Pandur; Kaiserwalzer; 1933: Liebelei; Walzerkrieg; Des jungen Dessauers große Liebe; 1934: Csardasfürstin; Rosen aus dem Süden; Frühjahrsparade; Ich heirate meine Frau; Herz ist Trumpf; 1935: Endstation; Königswalzer; 1936: Die Puppenfee; Schabernack; Drei Mäderl um Schubert; Fiakerlied; Kinderarzt Dr. Engel; 1937: Lumpazivagabundus; Peter im Schnee; Die Landstreicher; 1938: Immer, wenn ich glücklich bin; Prinzessin Sissi; Liebelei und Liebe; 1939: Männer müssen so sein; Unsterblicher Walzer; Maria Ilona; 1940: Wiener Geschichten; Falstaff in Wien; Der liebe Augustin; Operette; 1941: Wir bitten zum Tanz; O diese Männer; 1942: Die große Liebe; Brüderlein fein; Wen die Götter lieben; 1944: Schrammeln; Die Zaubergeige; 1947: Der Hofrat Geiger; 1949: Der dritte Mann / The Third Man; Die seltsame Geschichte des Brandner Kaspar; 1950: Der Seelenbräu; Epilog; 1951: Der alte Sünder; Verklungenes Wien; 1952: Hallo Dienstmann; 1953: Fiakermilli; Die Privatsekretärin; 1954: Der Zigeunerbaron; Und der Himmel lacht dazu; Mädchenjahre einer Königin; 1955: Die Deutschmeister; 1956: Lumpacivagabundus; 1957: Ober zahlen!; Wien, du Stadt meiner Träume; 1958: Hallo Taxi; 1962: Drei Liebesbriefe aus Tirol; 1963: Die lustigen Vagabunden; 1965: Der Alpenkönig und der Menschenfeind; 1972: Sie nannten ihn Krambambuli.

Marianne Hoppe

26. 4. 1911 in Rostock. Gutsbesitzerstochter. Zuerst Handelsschule, dann Schauspielunterricht bei Reinhardt und Lucie Höflich. Wirkte ab 1928 am Theater in Frankfurt am Main, München, Berlin u. a. Filmdebüt 1933 mit einer Heimatschnulze. Heiratete 1936 Gustaf Gründgens, Scheidung 1946. Tragende Rollen im Film des Dritten Reichs. Lebt heute in Oberbayern und spielte nach Kriegsende überwiegend Theater am Düsseldorfer Schauspielhaus, übernahm aber auch noch Film- und Fernsehrollen.

1933: Heideschulmeister Uwe Karsten. 1934: Alles hört auf mein Kommando; Der Schimmelreiter; Krach um Jolanthe; Schwarzer Jäger Johanna; 1935: Oberwachtmeister Schwenke; 1936: Die Frau ohne Bedeutung; Wenn der Hahn kräht; 1937: Capriolen; Der Herrscher; Gabriele eins, zwei, drei; 1939: Der Schritt vom Wege; Kongo-Expreß; 1941: Auf Wiedersehen, Franziska; 1942: Stimme des Herzens; 1943: Romanze in Moll; 1944: Ich brauche Dich; 1945: Das Leben geht weiter (unvollendet); 1948: Das verlorene Gesicht; 1949: Schicksal aus zweiter Hand; 1950: Nur eine Nacht; 1954: Der Mann meines Lebens; 1958: Dreizehn alte Esel; 1961: Die seltsame Gräfin; 1962: Der Schatz im Silbersee; 1964: Die Goldsucher von Arkansas; 1965: Geheimnis im blauen Schloß; 1975: Falsche Bewegung; 1982: Marianne und Sophie.

Brigitte Horney

29. 3. 1911 in Berlin. Tanzunterricht bei Mary Wigman, Bühnenausbildung bei Ilka Grüning. Erste Filmrolle in Siodmaks *Abschied* (1930), danach Theater in Würzburg und Berlin. Nach 1945 zunächst am Zürcher Schauspielhaus. Sie folgte ihrem zweiten Ehemann, dem Direktor des »Museums of Fine Arts«, nach Boston, zwischendurch Film- und Fernsehrollen (*Jakob und Adele,* zusammen mit Carl Heinz Schroth) in der BRD. Lebt in USA, Oberbayern und Westberlin.

1930: Abschied; 1931: Fra Diavolo; 1932: Rasputin; 1933: Heideschulmeister Uwe Karsten; 1934: Der ewige Traum; Ein Mann will nach Deutschland; Liebe, Tod und Teufel; 1935: Blutsbrüder; Der grüne Domino; 1936: Savoy-Hotel; Stadt Anatol; 1937: Der Katzensteg; Revolutionshochzeit; 1938: Anna Favetti; Du und ich; Verklungene Melodie; Ziel in den Wolken; 1939: Aufruhr in Damaskus; Befreite Hände; Der Gouverneur; Eine Frau wie Du; 1940: Das Mädchen von Fanö; Feinde; 1941: Illusion; 1942: Geliebte Welt; 1943: Am Ende der Welt; Münchhausen; 1948:

Die Frau am Weg; 1949: Verspieltes Leben; 1950: Melodie des Schicksals; 1953: Solange Du da bist; 1954: Der letzte Sommer; Gefangene der Liebe; 1957: Der gläserne Turm; 1959: Nacht fiel über Gotenhafen; 1960: Das Erbe von Björndal; 1961: Ruf der Wildgänse; 1962: Flucht der weißen Hengste / Miracle of the White Stallions; 1965: Neues vom Hexer; 1966: Das Geheimnis der weißen Nonne; 1983: Bella Donna.

Adrian Hoven

18. 5. 1922 Wöllersdorf/Tirol – 8. 4. 1981 in Tegernsee (eigentlich Wilhelm Arpad Peter Hofkirchner). Feinmechanikerlehre in Wien. Flugzeugtechniker, im Zweiten Weltkrieg Fallschirmjäger. Randauftritt in *Quax, der Bruchpilot* (1941), erste richtige Nebenrolle in *Herzkönig* (1947). In *Tromba* (1949) erstmals als Adrian Hoven; löste alle Bühnenverträge, seitdem nur noch beim Film, später auch als Regisseur und Produzent.

1941: Quax, der Bruchpilot; 1947: Herzkönig; 1949: Tromba; Wer bist Du, den ich liebe; 1950: Föhn; 1951: Dr. Holl; Gefangene Seele; 1952: Ich hab mein Herz in Heidelberg verloren; Ich tanze mit Dir in den Himmel hinein; Karneval in Weiß; 1953: Ehe für eine Nacht; Hurra, ein Junge; Sterne über Colombo; 1954: Die Gefangene des Maharadscha; Meine Schwester und ich; Mädchenjahre einer Königin; Canaris; 1955: Die Drei von der Tankstelle; Heimatland; Ihr erstes Rendezvous; Ja ja, so ist das mit der Liebe; 1956: Bonsoir Paris; Kaiserjäger; Lügen haben hübsche Beine; Opernball; Wie einst Lili Marleen; 1957: Liane, die weiße Sklavin; Die unentschuldigte Stunde; Zwei Herzen voller Seligkeit; 1958: Rommel ruft Kairo; 1959: Arzt aus Leidenschaft; 1960: Im weißen Rößl; Wir wollen niemals auseinandergehn; 1961: Ach Egon; 1963: Der Fluch der grünen Augen; 1966: Der Mörder mit dem Seidenschal (Regie); 1968: Necronomicon; 1972: Hexen – geschändet und zu Tode gequält (Regie); 1974: Pusteblume (Regie); 1975: Edelweißkönig; Faustrecht der Freiheit; 1976: Satansbraten; 1977: Eierdiebe; Halbe-Halbe; 1978: Eine Reise ins Licht; 1981: Lili Marleen; Looping.

Emil Jannings

26. 7. 1884 in Rorschach – 2. 1. 1950 in Strobl/Österreich. Sohn eines Amerikaners und einer in Moskau geborenen Deutschen. Machte zunächst als Schiffsjunge mehrere Seereisen, danach als Volontär am Görlitzer Stadttheater. Kam 1914 auf Empfehlung von Werner Krauss an Max Reinhardts Deutsches Theater in Berlin. Ernst Lubitsch holte ihn zum Film. 1927 bis 1929 in Hollywood, danach wieder bei der Ufa. Nach Kriegsende kein Engagement mehr. Ein Jahr nach seinem Tod 1950 erschien seine in der NS-Zeit von ihm selbst zurückgehaltene Autobiographie.

1914: Im Schützengraben; 1915: Frau Eva; 1916: Nächte des Grauens; Stein unter Steinen; 1917: Das Leben ein Traum: Lulu; Wenn vier dasselbe tun; 1918: Die Augen der Mumie Ma; 1919: Ein Mann der Tat; Madame Dubarry; Rose Berndt; 1920: Algol; Anna Boleyn; Colombine; Die Brüder Karamasoff; Kohlhiesels Töchter; 1921: Danton; Das Weib des Pharao; Die Ratten; Othello; 1922: Peter der Große; 1923: Alles für Geld; Tragödie der Liebe; 1924: Der letzte Mann; Nju; Das Wachsfigurenkabinett; 1925: Liebe Macht blind; Tartüff; Variete; Faust; (in den USA:) 1927: The Way of All Flesh; 1928: The Street of Sin; The Patriot; The Sins of the Fathers; 1929: Betrayal. *Tonfilme:* 1930: Der blaue Engel; Liebling der Götter; 1931: Stürme der Leidenschaft; 1933: Die Abenteuer des Königs Pausole; 1934: Der schwarze Walfisch; 1935: Der alte und der junge König; 1936: Traumulus; 1937: Der Herrscher; Der zerbrochene Krug; 1939: Robert Koch; 1941: Ohm Krüger; 1942: Die Entlassung; 1943: Altes Herz wird wieder jung; 1945: Wo ist Herr Belling? (unvollendet).

Curd Jürgens

13. 12. 1915 in München – 18. 6. 1982 in Berlin. Vater Hamburger Geschäftsmann, Mutter Französin, wuchs zweisprachig auf. Lokalreporter, Dressman, dann Schauspielunterricht. Begann als singender Bonvivant am Metropol-Theater, Berlin; kam durch Vermittlung von Lizzi Waldmüller ans Volkstheater Wien und gehörte dann ab 1941 dem Ensemble des Burgtheaters an. Lange Jahre nur Nebenrollen im Film, schaffte er 1955 doch noch den Durchbruch zum Superstar auch des internationalen Films. Skandale und Affären begleiteten seinen Lebensweg, daneben bewältigte er 300 Theaterrollen, darunter den »Jedermann« in Salzburg, und war in 150 Filmen dabei, schrieb einen Roman und zwei Autobiographien und bekannte mit sechzig, »noch kein bißchen weise« zu sein.

1935: Königswalzer; 1936: Die Unbekannte; 1937: Zu neuen Ufern; 1939: Salonwagen E 417; Weltrekord im Seitensprung; 1940: Herz ohne Heimat; Operette; 1942: Stimme des Herzens; Wen die Götter lieben; 1943: Frauen sind keine Engel; 1945: Wiener Mädeln; 1948: An klingenden Ufern; Der himmlische Walzer; Der Engel mit der Posaune; Lambert fühlt sich bedroht; 1949: Schuß durchs Fenster; 1950: Pikanterie; 1951: Der schweigende Mund; 1952: Knall und Fall als Hochstapler; Das Leben ist stärker; 1953: Musik bei Nacht; Der letzte Walzer; Man nennt es Liebe; Alles für Papa; Meines Vaters Pferde; 1954: Eine Frau von heute; Das Bekenntnis der Ina Kahr; Du bist die Richtige; Orientexpress; 1955: Des Teufels General; Die Helden sind müde / Les héros sont fatigués; Liebe ohne Illusion; Die Ratten; Teufel in Seide; 1956: Ohne Dich wird es Nacht; Und immer lockt das Weib / Et Dieu créa la femme; Der Kurier des Zaren / Michel Strogoff; 1957: Spione am Werk / Les éspions; Duell im Atlantik / The Enemy Below; Männer über Vierzig / This Happy Feeling; 1958: Jakobowsky und der Oberst / Me and the Colonel; Die Herberge zur 6. Glückseligkeit / The Inn of the Sixth Happiness; Der Schinderhannes; 1959: Fähre nach Hongkong / Ferry to Hong Kong; 1960: Wernher von Braun / I Aim at the Stars; Schachnovelle; Gustav Adolfs Page; 1961: Der längste Tag / The Longest Day; 1963: Die Dreigroschenoper; 1964: DM-Killer; Lord Jim / Lord Jim; 1965: Das Liebeskarussell; 1966: Der Kongreß amüsiert sich; 1967: Der Lügner und die Nonne; 1968: Der Arzt von St. Pauli; 1969: Luftschlacht um England / Battle of Britain; Auf der Reeperbahn nachts um halb eins; 1970: Ohrfeigen; Der Pfarrer von St. Pauli; 1971: Kill / Kill; Käpt'n Rauhbein aus St. Pauli; 1975: Der zweite Frühling; Auch Mimosen wollen blühen; 1977: Der Spion, der mich liebte / The Spy who Loved Me; 1978: Steiner – Das eiserne Kreuz II; 1981: Teheran 43.

Jenny Jugo

14. 7. 1905 in Mürzzuschlag/Steiermark. Kam durch ihren mit 16 Jahren geheirateten Mann, den italienischen Schauspieler Emmo Jugo, nach Berlin. Von Erich Pommer für den Film entdeckt. Nach einigen tragischen Rollen große Erfolge in vielen Tonfilmen, erst jetzt Sprech- und Schauspielunterricht. 1949 zog sie sich vom Film zurück und lebt heute auf ihrem Bauernhof in Schönrain, Oberbayern.

1924: Die Puppe vom Lunapark; 1925: Blitzzug der Liebe; Friesenblut; Liebe macht blind; 1926: Ledige Töchter; 1927: Die Hose; Die indiskrete Frau; Pique Dame; 1928: Die blaue Maus; Die Carmen von St. Pauli; Sechs Mädchen suchen Nachtquartier; 1929: Der Bund der Drei; Flucht vor der Liebe; Die Schmugglerbraut von Mallorca. *Tonfilme:* 1930: Heute nacht – eventuell; 1931: Die nackte Wahrheit; Ich bleib' bei Dir; Kopfüber ins Glück; Wer nimmt die Liebe ernst; 1932: Eine Stadt steht Kopf; Fünf von der Jazzband; Zigeuner der Nacht; 1933: Ein Lied für Dich; Es gibt nur eine Liebe; 1934: Fräulein Frau; . . . heute abend bei mir; Herz ist Trumpf; Pechmarie; 1935: Pygmalion; 1936: Allotria; Die Nacht mit dem Kaiser; Mädchenjahre einer Königin; 1937: Gefährliches Spiel; 1938: Die kleine und die große Liebe; 1939: Nanette; Ein hoffnungsloser Fall; 1940: Unser Fräulein Doktor; 1942: Viel Lärm um Nixi; 1943: Die Gattin; 1945: Sag endlich Ja (unvollendet); 1948: Träum nicht, Anette; 1949: Königskinder.

Paul Kemp

20. 5. 1899 in Bad Godesberg – 13. 8. 1953 in Bad Godesberg. Schauspielschule bei Louise Dumont am Düsseldorfer Schauspielhaus. 1923 nach Hamburg, 1929 nach Berlin, wo er für den Film entdeckt wurde. Seit seinem größten Erfolg *Charleys Tante* (1934), hauptsächlich komische Rollen.

1930: Cyankali; Der König von Paris; Der Schuß im Tonfilmatelier; Die große Sehnsucht; Dolly macht Karriere; Die blonde Nachtigall; Lumpenball; 1931: Der Raub der Mona Lisa; Die Dreigroschenoper; Ein Auto und kein Geld; M; Um eine Nasenlänge; 1932: Die verkaufte Braut; Drei von der Stempelstelle; Gitta entdeckt ihr Herz; Mieter Schulze gegen alle; 1933: Ein Lied für Dich; Roman einer Nacht; Ihre Durchlaucht, die Verkäuferin; 1934: Charleys Tante; Mit dir durch dick und dünn; Prinzessin Turandot; 1935: Amphitryon; Der Gefangene des Königs; Der mutige Seefahrer; 1936: Boccaccio; Der schüchterne Casanova; Glückskinder; Heißes Blut; 1937: Ihr Leibhusar; Musik für Dich; 1938: Capriccio; Unsere kleine Frau; 1939: Das Leben geht weiter; Kornblumenblau; 1940: Was wird hier gespielt?; Der Kleinstadtpoet; 1941: Frau Luna; Immer nur Du; Jenny und der Herr im Frack; 1942: Die große Nummer; Ein Windstoß; 1943: Das Lied der Nachtigall; Fahrt ins Abenteuer; 1944: Dir zuliebe; Glück unterwegs; Sieben Briefe; 1945: Frech und verliebt; Liebe nach Noten; Spuk im Schloß; 1948: Der himmlische Walzer; 1949: Gefährliche Gäste; 1950: Absender unbekannt; Kein Engel ist so rein; Der Mann, der sich selber sucht; Die Nacht ohne Sünde; Die Dritte von rechts; 1951: Die Mitternachtsvenus; Engel im Abendkleid; Mutter sein dagegen sehr ...; 1952: In München steht ein Hofbräuhaus; Die Diebin von Bagdad; Königin der Arena; 1953: Salto mortale; Liebeskrieg nach Noten; Glück muß man haben.

Klaus Kinski

18. 10. 1926 in Zoppot (eigentlich Nikolaus Nakszynski). Das Kind polnischer Eltern stand während einer Internierung in England erstmals auf der Bühne. In der Nachkriegszeit über verschiedene Bühnen »getrampt«, dann in Berlin. 1948 für's Kino entdeckt. In den 60er Jahren Tourneen und Rezitationsabende, seit 1965 in Italien. Danach internationale Karriere. Autobiographie 1975: »Ich bin so wild nach deinem Erdbeermund.« Er lebt und arbeitet auf der ganzen Welt.

1948: Morituri; 1950: Das kalte Herz; 1954: Angst; 1955: Ludwig II.; Hanussen; Kinder, Mütter und ein General; 1957: Zeit zu leben und Zeit zu sterben / A Time to Love and a Time to Die; 1960: Der Rächer; 1961: Die toten Augen von London; Das Geheimnis der gelben Narzissen; Das Rätsel der roten Orchidee; Die seltsame Gräfin; 1962: Das Gasthaus an der Themse; Die Tür mit den sieben Schlössern; 1963: Das Geheimnis der schwarzen Witwe; Das indische Tuch; Der schwarze Abt; Scotland Yard jagt Dr. Mabuse; Der Zinker; 1964: Das Geheimnis der chinesischen Nelke; Die Gruft mit dem Rätselschloß; Winnetou II; 1965: Für ein paar Dollar mehr / Per qualche dollari in piu; 1966: Doktor Schiwago / Doctor Zhivago; Neues vom Hexer; Töte Amigo / Quién sabe?; 1967: Die blaue Hand; Sumuru – die Tochter des Satans / The Million Eyes of Sumuru; Top Job / Ad ogni costo; 1968: Kampf um Rom; Mit Django kam der Tod / L'uomo, l'orgoglio, la vendetta; Der Bastard / I bastardi; Leichen pflastern seinen Weg / Il grande Silenzio; 1969: Sartana – Töten war sein täglich Brot / Sono Sartana, il vostro becchino; 1970: Todesmelodie / Giu la testa; 1971: Dracula im Schloß des Schreckens / Nella stretta morsa del ragno; Sarg der blutigen Stiefel / Il venditore di morte; 1972: Aguirre, der Zorn Gottes; 1974: Nachtblende / L'important, c'est d'aimer; 1975: Das Netz; 1976: Jack the Ripper; 1978: Nosferatu – Phantom der Nacht; 1970: Woyzeck; 1981: Fitzcarraldo; Buddy Buddy / Buddy Buddy; Die schwarze Mamba / Venom; 1982: Der Söldner / The Soldier.

Nastassja Kinski

24. 1. 1961 in Berlin. Tochter von Klaus Kinski. Mit vierzehn Jahren von Wim Wenders für die Leinwand entdeckt (*Falsche Bewegung,* 1975). Seit Paul Schraders *Cat People / Katzenmenschen,* 1981, ein Weltstar. Wuchs in Caracas, Rom und München auf und lebt heute dort, wo sie arbeitet, mit festen Wohnsitzen in Frankreich, Deutschland und Hollywood. 1984 Geburt des Sohnes Aljosha.

1975: Falsche Bewegung; Die Braut des Satans; 1976: Leidenschaftliche Blümchen; 1977: Bleib, wie du bist / Cosi come sei; 1978: Tess / Tess; 1980: Von ganzem Herzen / One from the Heart; 1981: Katzenmenschen / Cat People; Exposed; 1982: Frühlingssymphonie; La Lune dans la carniveau; 1983: The Hotel New Hampshire; Maria's Lovers; Bitte nicht heute Nacht / Unfaithfully yours; 1984: Paris, Texas.

Hildegard Knef

28. 12. 1925 in Berlin. Mit siebzehn Zeichnerin bei der Ufa, 1943 von Liebeneiner für den Film entdeckt. Nach Kriegsende spielte sie zuerst am Schloßparktheater unter Barlog, ehe sie die ersten Hauptrollen im Film übernahm (*Die Mörder sind unter uns,* 1946); nach einem vergeblichen Anlauf in Hollywood kam sie zurück und war 1950 *Die Sünderin.* Wirkte danach in deutschen und amerikanischen Filmen mit und war am Broadway mit »Silk Stockings« erfolgreich. Ihre Vielseitigkeit bewies sie als Chansonette und erfolgreiche Buchautorin.

1945: Fahrt ins Glück; Unter den Brücken; 1946: Die Mörder sind unter uns; 1947: Zwischen gestern und morgen; Film ohne Titel; 1950: Die Sünderin; 1951: Entscheidung vor Morgengrauen / Decision before Dawn; Nachts auf den Straßen; Es geschehen noch Wunder; 1952: Kurier nach Triest / Diplomatic Courier; Alraune; Illusion in Moll; Auf den Straßen von Paris / La fête á Henriette; 1953: Schnee am Kilimandscharo / The Snows of Kilimandjaro; Eine Liebesgeschichte; Gefährlicher Urlaub / The Man Between; 1954: Geständnis unter vier Augen; Svengali / Svengali; 1957: Madeleine und der Legionär; 1958: U-Bahn in den Himmel / Subway in the Sky; 1959: Der Mann, der sich verkaufte; 1962: Lulu; Katharina von Rußland / Catarina di Russia; 1963: Der dunkelgrüne Koffer / Ballade pour un voyou; Die Dreigroschenoper; Das große Liebesspiel; Geheimagentin in Gibraltar / Gibraltar; 1964: Blonde Fracht für Sansibar/Mozambique; Verdammt zur Sünde (Die Festung); Wartezimmer zum Jenseits; 1968: Bestien lauern vor Caracas / The Lost Continent; 1976: Jeder stirbt für sich allein; 1978: Fedora; 1980: Checkpoint Charlie; 1984: Flügel und Fesseln.

Gustav Knuth

7. 7. 1901 in Braunschweig. Sollte Schlosser werden, brannte von zu Hause durch und zog mit Wanderbühnen durch's Land. Obwohl Autodidakt, gelang ihm der Sprung ans große Theater, landete er nach Engagements in Hildesheim, Basel und Hamburg schließlich an den berühmten Berliner Bühnen: Volksbühne 1936–1937 und Staatstheater 1937–1945. Sein erster Film *Der Ammenkönig* (1935) war gleich ein großer Erfolg. Nach dem Krieg Mitglied des Zürcher Schauspielhauses und Auftritte in zahlreichen Fernsehserien.

1935: Der Ammenkönig; 1937: Heimweh; 1938: Schatten über St. Pauli; 1939: Lied der Wüste; Der Vorhang fällt; Mann für Mann; 1940: Das Mädchen von Fanö; Zwischen Hamburg und Tahiti; 1941: Friedemann Bach; Pedro soll hängen; 1942: Das große Spiel; 1943: Ein glücklicher Mensch; Gefährtin eines Sommers; Große Freiheit Nr. 7; 1945: Fahrt ins Glück; Unter den Brücken; 1949: Der blaue Strohhut; Tromba; 1950: Geliebter Lügner; Es kommt ein Tag; 1952: Das kann jedem passieren; Der fröhliche Weinberg; Palast-Hotel; Zwiespalt des Herzens; 1953: Keine Angst vor großen Tieren; Muß man sich gleich scheiden lassen?; Die Nacht ohne Moral; 1954: Auf der Reeperbahn nachts um halb eins;

Die Mücke; 1955: Geliebte Feindin; Ich denke oft an Piroschka; Griff nach den Sternen; Himmel ohne Sterne; Die Ratten; Sissi; 1956: Der Bettelstudent; Heute heiratet mein Mann; Regine; Sissi, die junge Kaiserin; 1957: Robinson soll nicht sterben; Sissi, Schicksalsjahre einer Kaiserin; Ein Stück vom Himmel; Und die Liebe lacht dazu; 1958: Das Dreimäderlhaus; Geliebte Bestie; Ihr 106. Geburtstag; 1959: Buddenbrooks; Ich heirate Herrn Direktor; Kein Engel ist so rein; 1960: An heiligen Wassern; Das kunstseidene Mädchen; 1961: Der Lügner; 1963: Meine Tochter und ich; 1964: Heiß weht der Wind; 1965: Heidi; Tante Frieda; 1966: Der Kongreß amüsiert sich; Onkel Filser; 1969: Charley's Onkel; Ludwig auf Freiersfüßen; 1981: Der Bockerer.

Hilde Krahl

10. 1. 1917 in Brod/Save, Jugoslawien (eigentlich Hilde Kralicek). Mutter Kroatin, Vater Wiener. Kam als Kind nach Wien, studierte dort an der Musikakademie, gleichzeitig Schauspielunterricht. Erste Bühnenauftritte im Kabarett am »Naschmarkt« in Wien. Am Deutschen Theater in Berlin wurde der Film auf sie aufmerksam. Nach 1945 an den Kammerspielen in Hamburg, dann wieder Film- und andere Bühnenverpflichtungen, u. a. in Bad Hersfeld und Wien. Seit 1944 ist sie verheiratet mit dem Regisseur Wolfgang Liebeneiner.

1936: Die Puppenfee; Mädchenpensionat; 1937: Lumpazivagabundus; Serenade; 1938: Der Hampelmann; Gastspiel im Paradies; 1939: Der Weg zu Isabel; Die barmherzige Lüge; 1940: Der Postmeister; Donauschiffer; Herz modern möbliert; 1941: Das andere Ich; Komödianten; 1942: Anuschka; Meine Freundin Josefine; 1943: Großstadtmelodie; 1944: Träumerei; 1945: Das Gesetz der Liebe; 1949: Schatten der Nacht; Liebe 47; 1950: Meine Nichte Susanne; Wenn eine Frau liebt; 1951: Der Weibsteufel; Weiße Schatten; Das Tor zum Frieden; 1952: Herz der Welt; 1. April 2000; Zwiespalt des Herzens; 1954: Ewiger Walzer; Hochstaplerin der Liebe; Die Mücke; 1955: Nacht der Entscheidung; Eine Frau genügt nicht?; Geheimnis einer Ärztin; 1956: Mein Vater der Schauspieler; 1960: Das Glas Wasser; 1962: Neunzig Minuten nach Mitternacht.

Werner Krauss

23. 6. 1884 in Gestungshausen/Niederbayern – 20. 10. 1959 in Wien. Zeitlebens ohne Schauspielunterricht, begann er 1901 an einer Wanderbühne, 1903 erstes Engagement in Guben. Über Magdeburg, Bromberg, Aachen, Nürnberg, Dresden und München 1913 ans Deutsche Theater in Berlin. Ab 1929 am Wiener Burgtheater und in Hamburg. Filmstart 1916 in dem Stuart-Webb-Serienfilm *Die Pagode*. Der Stummfilm machte ihn zum Kinostar, im Tonfilm spielte er nur noch in wenigen Filmen mit. 1945 kurzfristig inhaftiert, wird er 1948 wegen seiner Rolle im Dritten Reich verurteilt. Danach zog er sich in seine »zweite Heimat«, das Wiener Burgtheater zurück.

1916: Die Pagode; Hoffmanns Erzählungen; Zirkusblut; 1917: Die Rache der Toten; Die Fremde; Unheilbar; 1918: Colomba; Das Tagebuch einer Verlorenen; Fräulein Pfiffikus; Das verwunschene Schloß; 1919: Das Cabinet des Dr. Caligari; Das ewige Rätsel; Prostitution (Das gelbe Haus); Opfer; Opium; Phantome des Lebens; Rose Bernd; Totentanz; 1920: Die Brüder Karamasoff; 1921: Danton; Christian Wahnschaffe; Das Medium; Lady Hamilton; Scherben; 1922: Der brennende Acker; Nathan der Weise; Othello; 1923: Alt-Heidelberg; Fräulein Raffke; Fridericus Rex; I.N.R.I.; Der Kaufmann von Venedig; Der Puppenmacher von Kiang-Ning; Der Menschenfeind; Zwischen Abend und Morgen; 1924: Das Wachsfigurenkabinett; 1925: Eifersucht; Die freudlose Gasse; Das Haus der Lüge; Tartüff; Ein Sommernachtstraum; 1926: Geheimnisse einer Seele; Nana; Der Student von Prag; Überflüssige Menschen; 1927: Der fidele Bauer; Die Hose; Laster der Menschheit; 1928: Die Todesschleife / Looping the Loop; 1929: Napoleon auf St. Pauli. *Tonfilme:* 1931: Yorck; 1932: Menschen ohne Namen; 1935: Hundert Tage; 1936: Burgtheater; 1939: Robert Koch; 1940: Jud Süß; 1941: Annelie; 1942: Die Entlassung; Zwischen Himmel und Erde; 1943: Paracelsus; 1950: Prämien auf den Tod; Der fallende Stern; 1955: Sohn ohne Heimat.

Hardy Krüger

12. 4. 1928 in Berlin (eigentlich Eberhardt Krüger). Erster Film als Schüler 1943 *Junge Adler*. Dann Komparse in Hamburg und Beginn einer Theaterlaufbahn in Hannover als Autodidakt. Mit seinem zweiten Film *Diese Nacht vergeß ich nie* (1949) begann seine eigentliche Leinwandkarriere. Ende der fünfziger Jahre spielte er auch international große Rollen, 1962 wurde sogar Hollywood auf ihn aufmerksam. Er erwarb 1960 eine Farm in Tansania, betätigte sich als Kurzfilmregisseur und Buchautor. Er lebt in Kalifornien.

1943: Junge Adler; 1949: Das Fräulein und der Vagabund; Diese Nacht vergeß ich nie; Kätchen für alles; 1950: Das Mädchen aus der Südsee; 1951: Mein Freund, der Dieb; Schön muß man sein; 1952: Alle kann ich nicht heiraten; Ich heiße Nikki; Illusion in Moll; 1953: Ich und Du; Die Jungfrau auf dem Dach / The Moon is Blue; Muß man sich gleich scheiden lassen?; Solange Du da bist; 1954: An der schönen blauen Donau; Der letzte Sommer; 1955: Der Himmel ist nie ausverkauft; Alibi; 1956: Banktresor 713; Die Christel von der Post; Liane, das Mädchen aus dem Urwald; 1957: Einer kam durch / The One That Got Away; Der Fuchs von Paris; 1958: Gestehen Sie, Dr. Corda; 1959: Bumerang; Die Gans von Sedan; Der Rest ist Schweigen; 1960: Taxi nach Trobuk / Un Taxi pour Tobrouk; 1962: Hatari / Hatari; Sonntage mit Sybill / Les dimanches de ville d'Avray; 1964: Die Versuchung heißt Jenny / Les pianos mécaniques; 1965: Der Flug des Phönix / The Flight of the Phoenix; 1966: Lautlose Waffen / L'éspion; 1969: Die Nonne von Monza / La monaca di Monza; 1971: Diabolisch / What the Peeper Saw; 1974: Papiertiger / Paper Tiger; 1976: Barry Lyndon / Barry Lyndon; Potato Fritz; 1977: Die Brücke von Arnheim / A Bridge too Far; 1978: Die Wildgänse kommen / The Wild Geese; 1981: Feine Gesellschaft – beschränkte Haftung.

La Jana

25. 2. 1910 in Wien – 13. 3. 1940 in Berlin (eigentlich Henriette Hiebl). Übersiedlung der Familie nach Frankfurt am Main, wo Henriette mit acht Jahren Elevin an der Oper wird. Legte sich später den Künstlernamen »La Jana« zu und wurde angeblich von Géza von Cziffra in einem Pariser Nachtlokal für den Film entdeckt. Tanzte dann in der Eric-Charell-Revue in Berlin und kam erst nach weiteren Bühnenerfolgen in Stockholm und London zum Film. Dort wurde sie eine der beliebtesten Tänzerinnen mit exotischem Einschlag.

1924–1926: Die weiße Geisha; 1928: Der Biberpelz; Gaunerliebchen; Der Ladenprinz; Der Herzensphotograph; Ritter der Nacht; Therèse Raquin; Zwei rote Rosen; 1929: Meineid; Die lustige Witwe; 1930: Die Warschauer Zitadelle. *Tonfilme:* 1931: Der Schlemihl; 1936: Truxa; 1937: Der Tiger von Eschnapur; Das indische Grabmal; 1938: Es leuchten die Sterne; 1939: Menschen vom Varieté; 1940: Stern von Rio.

Zarah Leander

15. 3. 1907 in Karlstadt/Schweden – 23. 6. 1981 in Stockholm. 1913 erster Gesangsauftritt, Schauspielschule in Stockholm, Debüt als Schauspielerin 1929. Ab 1930 Schallplattenaufnahmen und Filmrollen. 1936 erster deutschsprachiger Film und Durchbruch zum internationalen Revuestar in Wien. 1943 nach Schweden zurück; ab 1950 Comeback mit Filmen, Konzerttourneen und Musicals. Letzter Auftritt 1978 in Stockholm.

1930: Dantes mysterier; 1931: Der falsche Millionär / Falska millionären; 1937: Premiere; Zu neuen Ufern; La Habanera;

1938: Der Blaufuchs; Heimat; 1939: Das Lied der Wüste; Es war eine rauschende Ballnacht; 1940: Das Herz der Königin; 1941: Der Weg ins Freie; 1942: Die große Liebe; 1943: Damals; 1950: Gabriela; 1952: Cuba Cubana; 1953: Ave Maria; 1954: Bei Dir war es immer so schön; 1959: Der blaue Nachtfalter; 1966: Das gewisse Etwas der Frauen.

Ruth Leuwerik

23. 4. 1923 in Essen. Nach Schauspielunterricht Anfänge in Paderborn und Münster. Gegen Kriegsende in der Rüstungsindustrie eingesetzt. Über Bremen und Lübeck ans Schauspielhaus Hamburg. Nach dem Filmkarrierestart 1950 kaum noch Theater. Zwischen 1950 und 1963 in 28 Filmen, danach nur noch zwei. Sie lebt mit ihrem dritten Mann, einem Augenarzt, in München.

1950: Dreizehn unter einem Hut; 1952: Vater braucht eine Frau; Die große Versuchung; 1953: Geliebtes Leben; Ein Herz spielt falsch; Königliche Hoheit; Muß man sich gleich scheiden lassen?; 1954: Bildnis einer Unbekannten; Geliebte Feindin; Ludwig II.; 1955: Rosen im Herbst; 1956: Die goldene Brücke; Königin Luise; Die Trapp-Familie; 1957: Franziska; Immer, wenn der Tag beginnt; 1958: Dorothea Angermann; Die Trapp-Familie in Amerika; Taiga; 1959: Die ideale Frau; 1960: Auf Engel schießt man nicht; Eine Frau fürs ganze Leben; Liebling der Götter; 1961: Die Stunde, die Du glücklich bist; 1962: Die Rote; 1963: Elf Jahre und ein Tag; Das Haus in Montevideo; Ein Alibi zerbricht; 1970: Und Jimmy ging zum Regenbogen; 1976: Unordnung und frühes Leid.

Harry Liedtke

12. 10. 1888 in Königsberg – 27. 5. 1945 in Berlin. Schauspielunterricht bei Heinrich Oberländer in Berlin. Über Bromberg, Görlitz, Göttingen und Berlin 1908 ans Deutsche Theater in New York, 1909 am Deutschen Theater in Berlin. 1911 durch den Filmpionier Oskar Meßter zum Kino, das sein eigentliches Medium wurde. In zweiter Ehe zwischen 1920 und 1928 mit der Schauspielerin Käthe Dorsch verheiratet. In den Wirren der letzten Kriegstage starb er an den Folgen einer Veronalvergiftung.

1912: Die Rache ist mein; Zu spät; 1913: Eva; Der wankende Glaube; 1914: Das Vaterland ruft; 1915: Des Guten zuviel; Die Tat von damals; Die Austernperle; Eine Liebesgabe; Liebe und List; Sein erstes Kind; 1916: Das rätselhafte Inserat; Der Amateur; Wie ich Detektiv wurde; 1917: Börse und Adel; Der Ring der Giuditta Foscari; Dornröschen; Lulu; Wer weiß; 1918: Carmen; Der gelbe Schein; Der Rodelkavalier; Die Augen der Mumie Ma; Rafaela; 1919: Comtesse Doddy; Das einsame Wrack; Die Austernprinzessin; Retter der Menschheit; Tropenblut; Vendetta; 1920: Sumurun; Die Tänzerin Barberina; 1921: Das Weib des Pharao; Mann ohne Namen; 1922: So sind die Männer; 1923: Die Fledermaus; Der Kaufmann von Venedig; Der Seeteufel; 1924: Nanon; Die Finanzen des Großherzogs; Orient; Die Puppenkönigin; 1925: Gräfin Mariza; Liebe und Trompetenblasen; Um Recht und Ehre; 1926: Der Feldherrnhügel; Die Försterchristel; Nixchen; Der Veilchenfresser; Die Wiskottens; 1927: Der Bettelstudent; Faschingszauber; Die Geliebte; Das Heiratsnest; Die letzte Nacht; 1928: Amor auf Ski; Dragonerliebchen; Der Faschingsprinz; Mein Freund Harry; Robert und Bertram; Der moderne Casanova; 1929: Der Held aller Mädchenträume; Der lustige Witwer; Vater und Sohn; Großstadtjugend; Donauwalzer. *Tonfilme:* 1930: Der keusche Joseph; Der Korvettenkapitän; 1931: Der Liebesarzt; Nie wieder Liebe; 1932: Liebe in Uniform; 1933: Wenn am Sonntagabend die Dorfmusik spielt; 1934: Zwischen zwei Herzen; 1935: Liebesleute; 1936: Stadt Anatol; 1937: Gefährliches Spiel; 1938: Preußische Liebesgeschichte; 1941: Quax, der Bruchpilot; 1943: Sophienlund; 1944: Das Konzert; Der Majoratsherr.

Theo Lingen

10. 6. 1903 in Hannover – 10. 11. 1978 in Wien (eigentlich Franz Theodor Schmitz). Künstlername nach seiner Heimatstadt Lingen an der Ems. Theaterdebüt an der »Schauburg« in Hannover, kam über Halberstadt, Münster, Frankfurt am Main nach Berlin, spielte u. a. am Theater am Schiffbauerdamm. Erster Film bereits 1922 *Der Orlow*. Von den dreißiger bis zu den siebziger Jahren wirkte er als Komiker und Charakterdarsteller in mehr als 150 Filmen mit. Bekannt wurde er auch mit den Schlagern »Ich wollt ich wär ein Huhn« und »Der Theodor im Fußballtor«. Er heiratete Marianne Zoff, die Ex-Frau Bert Brechts. Ab 1948 spielte er an der Wiener Burg und nahm die österreichische Staatsbürgerschaft an. Der vielseitige Künstler führte auch Regie, schrieb Komödien, Drehbücher und seine Memoiren unter dem Titel »Ich über mich«.

1930: Zwei Krawatten; Dolly macht Karriere; 1931: Die Firma heiratet; M; Meine Frau, die Hochstaplerin; 1932: Der Frauendiplomat; Ein toller Einfall; Moderne Mitgift; 1933: Das Testament des Dr. Mabuse; Und wer küßt mich?; Die kleine Schwindlerin; Höllentempo; Kleiner Mann – was nun?; Liebe muß verstanden sein; 1934: Der Doppelgänger; Die Finanzen des Großherzogs; Früchtchen; Gern hab ich die Frauen geküßt; Ich heirate meine Frau; Konjunkturritter; Mein Herz ruft nach Dir; 1935: Einmaleins der Liebe; Der Ammenkönig; Der Schlafwagenkontrolleur; Der falsche Fuffziger; Frühjahrsparade; Held einer Nacht; Im weißen Rößl; 1936: Alles für Veronika; Der Kurier des Zaren; Der verkannte Lebemann; Die Leute mit dem Sonnenstich; Ein Hochzeitstraum; Ungeküßt soll man nicht schlafen gehn; 1937: Der Mann, von dem man spricht; Die Austernlilli; Die verschwundene Frau; Premiere; Zauber der Bohème; 1938: Das indische Grabmal; Der Tiger von Eschnapur; Der Optimist; Diskretion – Ehrensache; Immer, wenn ich glücklich bin; Tanz auf dem Vulkan; 1939: Das Abenteuer geht weiter; Drunter und drüber; Hochzeitsreise zu dritt; Opernball; 1940: Herz modern möbliert; Der ungetreue Eckehart; Ihr Privatsekretär; Rosen in Tirol; Sieben Jahre Pech; Was wird hier gespielt?; 1941: Dreimal Hochzeit; Frau Luna (Regie); Hauptsache glücklich (Regie); Sonntagskinder; Was geschah in dieser Nacht? (Regie); 1942: Liebeskomödie; Sieben Jahre Glück; Wiener Blut; 1943: Das Lied der Nachtigall (Regie); Johann; Tolle Nacht; 1944: Es fing so harmlos an; Schuß um Mitternacht; 1945: Glück muß man haben (Regie); Liebesheirat; 1949: Nichts als Zufälle; Um eine Nasenlänge; 1950: Der Theodor im Fußballtor; 1951: Hilfe, ich bin unsichtbar; 1953: Heute nacht passiert's; Hurrah – ein Junge!; 1956: Ein tolles Hotel; 1957: Vater macht Karriere; Familie Schimek; Drei Mann auf einem Pferd; 1958: Ein Lied geht um die Welt; 1959: Die Nacht vor der Premiere; 1960: Pension Schöller; 1963: Der Musterknabe; 1964: Tonio Kröger; 1965: Die fromme Helene; 1967: Das große Glück; 1970: Die Feuerzangenbowle; 1972: Betragen ungenügend.

Peter Lorre

26. 6. 1904 in Roszahegy/Ungarn – 22. 3. 1964 in Hollywood. Kam mit 6 Jahren nach Wien, brannte mit Siebzehn von zu Hause durch und schloß sich einer Theatergruppe an. 1924 Theaterkomparse in Breslau, 1928 über Zürich und Wien nach Berlin. Filmstart 1931 in *M*, 1933 ins Exil nach England, später USA, wo er mit Unterbrechungen lebte. Er war nach 1945 mit der Schauspielerin Kaaren Verne verheiratet.

1931: M; Bomben auf Monte Carlo; Die Koffer des Herrn O. F.; 1932: Fünf von der Jazzband; Schuß im Morgengrauen; Der weiße Dämon; F.P.1 antwortet nicht; 1933: Unsichtbare Gegner; Was Frauen träumen; (in England:) Der Mann, der zuviel wußte / The Man Who Knew Too Much; (in den USA:) 1935: Mad Love; Crime and Punishment; 1937: Think Fast, Mr. Moto (Auftakt einer Serie von Mr. Moto-Filmen); 1940: Strange Cargo; Stranger on the Third Floor; Das Gesicht hinter der Maske / The Face Behind the Mask; 1941: Fluchtweg unbekannt / They Met in Bombay; Die Spur des Falken / The Maltese Falcon; Arsen und Spitzenhäubchen / Arsenic and Old Lace; 1942: Invisible Agent; Casablanca / Casablanca; 1943: Liebesleid / The Constant Nymph; Passage to Marseille; 1944: Der Ring der Verschworenen / The Conspirators; 1945: Hotel Berlin; Vergessene Stunde / Black Angel; 1946: Hier irrte Scotland Yard / The Verdict; 1949: Blutige Diamanten / Rope of Sand; 1950: Der Verlorene (Regie und Darsteller); 1954: 20000 Meilen unter dem Meer / 20000 Leagues Under the Sea; 1956: Blutroter Kongo / Congo Crossing; 1957: Seidenstrümpfe / Silk Stockings; 1962: Der grauenvolle Mr. X / Tales of Terror; Fünf Wochen im Ballon / Five Weeks in a Balloon; The Raven; 1964: »Ruhe sanft« GmbH / The Comedy of Terrors.

Hubert von Meyerinck

23. 8. 1896 in Potsdam – 13. 5. 1971 in Hamburg. Schauspielausbildung in Berlin. Lebte in Hamburg und Berlin, das zu seiner Wahlheimat wurde. Er trat auch im Kabarett und in Revuen auf, z. B. 1927 mit Marlene Dietrich in »Es liegt was in der Luft«. Bis in die Nachkriegszeit hinein war er der meistbeschäftigte deutsche Filmdarsteller.

1920: Der Mann ohne Namen; 1926: Brennende Grenze; Manon Lescaut; 1927: Dona Juana; 1928: Der erste Kuß; Der geheime Kurier; Liebe und Diebe; 1929: Die Drei um Edith; Ludwig der Zweite. *Tonfilme:* 1930: Rosenmontag; Der Schlemihl; 1932: Der schwarze Husar; Die verliebte Firma; 1933: Ein gewisser Herr Gran; Ich und die Kaiserin; Ihre Durchlaucht, die Verkäuferin; 1934: Die große Chance; Die Insel; Die Welt ohne Maske; Ich heirate meine Frau; 1935: April, April; Barcarole; Der falsche Fuffziger; Endstation; Königstiger; Winternachtstraum; 1936: Alles für Veronika; Familienparade; Spiel an Bord; 1937: Fanny Elßler; Versprich mir nichts; 1938: Anna Favetti; Nanu, Sie kennen Korff nicht?; 1939: Bel Ami; Der Florentiner Hut; Hallo, Janine; Kitty und die Weltkonferenz; Schneider Wibbel; 1940: Die keusche Geliebte; Ihr Privatsekretär; Kora Terry; Stern von Rio; Trenck, der Pandur; 1941: Frau Luna; Venus vor Gericht; 1942: Diesel; Weiße Wäsche; 1943: Münchhausen; 1944: Ich hab' von Dir geträumt; 1945: Das kleine Hofkonzert; 1949: Amico; Artistenblut; Kätchen für alles; 1950: Gute Nacht, Mary; Maharadscha wider Willen; 1951: Engel im Abendkleid; 1952: Die Diebin von Bagdad; 1953: Heute nacht passiert's; Keine Angst vor großen Tieren; 1954: Maxie; 1955: Ball im Savoy; Columbus entdeckt Krähwinkel; 1956: Manöverball; Die wilde Auguste; 1957: Der tolle Bomberg; Das Wirtshaus im Spessart; 1958: Der Czardas-König; Das Mädchen Rosemarie; Und abends in die Scala; 1959: Bobby Dodd greift ein; La Paloma; 1960: Der Herr mit der schwarzen Melone; Das Spukschloß im Spessart; 1961: Der verkaufte Großvater; 1962: Und ewig knallen die Räuber; 1967: Herrliche Zeiten im Spessart; 1970: Wenn die tollen Tanten kommen.

Hans Moser

6. 8. 1880 in Wien – 19. 6. 1964 in Wien (eigentlich Jean Julier). Sohn eines Bildhauers französischer Abstammung, tingelte mit Schwank-, Operetten- und Wanderbühnen, Varietés und Zirkussen durch Österreich-Ungarn. Max Reinhardt entdeckte ihn für größere Aufgaben. Ab 1921 beim Film, während des Dritten Reiches Kassenmagnet, ungebrochene Karriere nach Kriegsende. Mit 75 Jahren erste ernsthafte Hauptrolle am Burgtheater.

1921: Kleider machen Leute; 1924: Stadt ohne Juden; 1928: Die Lamplgasse. *Tonfilme:* 1931: Der verjüngte Adolar; Man braucht kein Geld; 1932: Ehe mbH.; 1933: Leise flehen meine Lieder; 1934: Karneval und Liebe; Maskerade; Frasquita; Vorstadtvarieté; 1935: Eva; Endstation; Mitternachtstraum; Die Fahrt in die Jugend; . . . nur ein Komödiant; Familie Schimek; 1936: Konfetti; Schabernack; Das Gäßchen zum Paradies; Hannerl und ihre Liebhaber; Burgtheater; 1937: Mein Sohn, der Herr Minister; Die Fledermaus; 1938: Die unruhigen Mädchen; 13 Stühle; 1939: Das Ekel; Anton der Letzte; Opernball; Der ungetreue Eckehart; 1940: Meine Tochter lebt in Wien; Wiener Geschichten; Der Herr im Haus; Rosen in Tirol; Sieben Jahre Pech; 1941: Liebe ist zollfrei; 1942: Wiener Blut; Einmal der liebe Herrgott sein; 1943: Das Ferienkind; Maske in Blau; Reisebekanntschaft; 1944: Schrammeln; 1945: Wiener Mädeln; 1946: Die Welt dreht sich verkehrt; 1947: Der Hofrat Geiger; 1948: Der Herr Kanzleirat; 1949: Um eine Nasenlänge; 1950: Küssen ist keine Sünd; Jetzt schlägt's 13; 1952: Hallo Dienstmann; Wir werden das Kind schon schaukeln; Der Onkel aus Amerika; 1953: Einen Jux will er sich machen; 1954: Kaisermanöver; 1955: Die Deutschmeister; Ja, ja, die Liebe in Tirol; Der Kongreß tanzt; Die Drei von der Tankstelle; 1956: Lumpacivagabundus; Opernball; 1957: Ober, zahlen!; Die unentschuldigte Stunde; 1958: Hallo, Taxi; Gräfin Mariza; 1959: Herrn Josefs letzte Liebe; 1961: Mariandl; 1962: Die Feldermaus; Der verkaufte Großvater; Drei Liebesbriefe aus Tirol; Mariandls Heimkehr.

Renate Müller

26. 4. 1906 in München – 7. 10. 1937 in Berlin. Die gutbürgerliche Familie (Vater Chefredakteur, Mutter Malerin) übersiedelte 1924 nach Berlin, wo Renate Müller Gesangsunterricht nahm und eine Ausbildung am Reinhardt-Seminar erhielt. Bühnendebüt 1925 am Harzer Bergtheater in Thale; es folgten verschiedene Berliner Bühnen, bis sie 1929 von Reinhold Schünzel für den Film entdeckt wurde und mit *Peter, der Matrose* ihre erfolgreiche Leinwandkarriere begann. In heiter-witzigen Komödien war sie Partnerin von Emil Jannings, Willy Fritsch und Adolf Wohlbrück und zählte – obwohl sie nur in einer überschaubaren Anzahl von Filmen mitwirkte – zu den Kino-Idolen der dreißiger Jahre. Ihr früher Tod erfolgte unter mysteriösen Umständen und blieb ungeklärt.

1929: Peter, der Matrose; Revolte im Erziehungshaus; Teure Heimat. 1930: Der Sohn der weißen Berge; Liebling der Götter; Das Flötenkonzert von Sanssouci; Liebe im Ring; 1931: Die Privatsekretärin; Der kleine Seitensprung; Die Blumenfrau von Lindenau; Liebeslied; 1932: Mädchen zum Heiraten; Wie sag's ich's meinem Mann?; Wenn die Liebe Mode macht; 1933: Saison in Kairo; Viktor und Viktoria; Walzerkrieg; 1934: Die englische Heirat; Liebesleute; 1935: Liselotte von der Pfalz; 1936: Allotria; Eskapade; Togger.

Pola Negri

31. 12. 1897 in Polen. Kind eines ungarischen Zigeuners und einer Polin. Erste Auftritte in Ballettinszenierungen in Warschau. 1914 zum Film, unter Ernst Lubitsch Karriere als Stummfilmstar. Ab 1923 Hollywood-Karriere, nicht zuletzt auch wegen vieler Skandale und Affären. 1935 Comeback in Deutschland, 1939 endgültig in die USA zurück. Dort, in San Antonio, Texas, lebt sie heute als Grundstücksmaklerin.

1914: Sklaven der Sinne / Niewolnica zmysłów; 1915: Zona (übers.: Die Frau); 1916: Studentenliebe / Studenci; 1917: Liebe und Leidenschaft / Bestia; Wanda Barska / Pokoj Nr. 13; (in Deutschland:) 1917: Die toten Augen; Küsse, die man stiehlt im Dunkeln; Nicht lange täuschte mich das Glück; Rosen, die der Sturm entblättert; Zügelloses Blut; 1918: Carmen; Der gelbe Schein; Die Augen der Mumie Ma; Mania; Wenn das Herz in Haß erglüht; 1919: Comtesse Doddy; Karussell des Lebens; Kreuzigt sie!; Madame Dubarry; Vendetta; 1920: Arme Violetta; Das Martyrium; Die geschlossene Kette; Die Marchese d'Arminiani; Sumurun; 1921: Die Bergkatze; Sappho; Die Flamme; (in den USA:) 1923: Belladonna / Bella Donna; Die Betrügerin / The Cheat; 1924: Schatten von Paris / Shadows of Paris; Cleo, das Mädchen von der Straße / Men; Das verbotene Paradies / Forbidden Paradise; 1925: Opfer des Blutes / East of Suez; Die Königin der Nacht / Flower of Night; 1926: Eine Frau von Welt / A Woman of the World; 1927: Hotel Stadt Lemberg / Hotel Imperial; Qualen der Ehe / The Woman on Trial; 1928: Das zweite Leben / Three Sinners; Die Liebschaften einer Schauspielerin / Loves of an Actress. *Tonfilme:* 1932: Um eine Fürstenkrone / A Woman Commands; (in Deutschland:) 1935: Mazurka; 1936: Moskau-Shanghai; 1937: Madame Bovary; Tango Notturno; 1938: Die fromme Lüge; Die Nacht der Entscheidung; (in USA:) 1943: Hi Diddle; 1964: Der Millionenschatz / The Moon-Spinners.

Asta Nielsen

11. 9. 1881 in Kopenhagen – 25. 5. 1972 in Kopenhagen. Tochter einer Waschfrau und eines Schaffners der Verkehrsbetriebe. Erster Auftritt 1902 am Dagmartheater. 1910 entdeckte sie Urban Gad, ihr späterer Ehemann und Manager für den Film. Ab 1911 in Deutschland. In den 20er Jahren war sie *der* weibliche Stummfilmstar Europas. Bei Aufkommen des NS-Staates ging sie nach Dänemark zurück, wo sie ihre vielfältige künstlerische Karriere – auch nach Beendigung der Filmlaufbahn 1939 – fortsetzte. 1946 veröffentlichte sie ihre Autobiographie. Sie starb, hochgeehrt, in ihrer Geburtsstadt.

1910: Abgründe / Afgrunden; 1911: Nachtfalter; Der schwarze Traum / Den sorte drom; Zigeunerblut; Der fremde Vogel; 1912: Die arme Jenny; Der Totentanz; Die Kinder des Generals; Wenn die Maske fällt; Das Mädchen ohne Vaterland; Jugend und Tollheit; 1913: Komödianten; Die Sünden der Väter; Der Tod in Sevilla; S.I.; Die Sufragette; Die Film-Primadonna; 1914: Engelein; Zapotas Bande; Weiße Rosen; Die ewige Nacht; 1915: Vordertreppe – Hintertreppe; 1916: Die falsche Asta Nielsen; Die ewige Nacht; Das Liebes-ABC; Dora Brandes, 1917: Der erste Patient; 1918: Das Waisenhauskind; Die Rose der Wildnis; Die Börsenkönigin; Des Meeres und der Liebe Wellen; 1919: Rausch; Das Ende vom Liede; Graf Sylvains Rache; 1920: Kurfürstendamm; Der Reigen; Steuermann Holk; 1921: Sklaven der Sinne; Die Geliebte Roswolskys; 1922: Vanina; Fräulein Julie; 1923: Erdgeist; Die Tänzerin Navarro; I.N.R.I.; Der Absturz; 1924: Die Frau im Feuer; Das Haus am Meer; Die Schmetterlingsschlacht; 1925: Lebende Buddhas; Hedda Gabler; Die freudlose Gasse; Athleten; 1926: Die Gesunkenen; 1927: Laster der Menschheit; Dirnentragödie; Gehetzte Frauen; Das gefährliche Alter; Kleinstadtsünder. *Tonfilme:* 1932: Unmögliche Liebe.

Anny Ondra

15. 5. 1903 in Tarnów, Polen (eigentlich Anna Sophie Ondráková). Theaterschule in Prag, danach ab 1919 im tschechischen, später auch im englischen, vor allem aber im deutschen Film Stumm- und Tonfilmkarriere. 1930 Gründung eigener Produktionsfirma mit ihrem ersten Mann, dem Regisseur Karel Lamac. 1933 Heirat mit Max Schmeling, mit dem sie noch heute, in Hollenstedt bei Hamburg, zusammenlebt.

1923: Der Mann ohne Herz; 1925: Ich liebe Dich; 1926: Trude, die 16jährige; 1928: Der erste Kuß; Evas Töchter; Saxophon-Susi; 1929: Die Kaviarprinzessin; Das Mädel mit der Peitsche; Sündig und süß; Erpressung / Blackmail; 1930: Das Mädel aus USA. *Tonfilme:* 1930: Die vom Rummelplatz; Eine Freundin so goldig wie Du; 1931: Die Fledermaus; Mamsell Nitouche; 1932: Baby; Eine Nacht im Paradies; Kiki; 1933: Das verliebte Hotel; Betragen ungenügend; 1934: Klein Dorrit; Die vertauschte Braut; Polenblut; 1935: Der junge Graf; Großreinemachen; Knock Out; 1936: Donogoo Tonga; Ein Mädel vom Ballett; Flitterwochen; 1937: Der Scheidungsgrund; Der Unwiderstehliche; Vor Liebe wird gewarnt; 1938: Narren im Schnee; 1941: Der Gasmann; 1943: Himmel, wir erben ein Schloß; 1951: Schön muß man sein.

Lilli Palmer

24. 5. 1914 in Posen (eigentlich Lillie Marie Peiser). Schauspielunterricht bei Lucie Höflich in Berlin, erstes Engagement am Theater in Darmstadt 1932. Die Tochter eines jüdischen Chirurgen emigrierte 1933 über Paris nach London, wo sie auf der Bühne und im Film erfolgreich war, u. a. in Hitchcocks *Geheimagent* (1936). Heiratete 1944 Rex Harrison, ging nach Hollywood, wo sie in Fritz Langs *Im Geheimdienst* (1946) mitwirkte. 1954 Rückkehr nach Deutschland, spielte in der BRD und der DDR, erhielt sich aber gleichzeitig ihren Status als internationaler Star. Tritt zuletzt auch als Autorin von Erinnerungsbüchern hervor: »Dicke Lilli – gutes Kind«, 1974, und »Der rote Rabe«, 1977.

1933: The First Offence; 1936: The Secret Agent; 1937: The Great Barrier; 1938: A Girl Must Live; 1941: Chamber of Horrors; 1943: English without Tears; 1945: Der letzte Sündenfall / The Rake's Progress; 1946: Im Geheimdienst / Cloak and Dagger; Ungeduld des Herzens / Beware of Pity; 1947: Jagd nach Millionen / Body and Soul; 1950: Die Hafenbar von Marseille / Hans Le Marin; 1952: Das Himmelbett / The Four Poster; 1954: Feuerwerk; 1955: Teufel in Seide; 1956: Anastasia, die letzte Zarentochter; Zwischen Zeit und Ewigkeit; Wie ein Sturmwind; 1957: Eine Frau, die weiß, was sie will; Der gläserne Turm; Montparnasse 19 / Montparnasse 19; 1958: Mädchen in Uniform; 1959: Frau Warrens Gewerbe; 1960: Verschwörung der Herzen / Conspiracy of Hearts; 1961: Julia, du bist zauberhaft; 1962: Finden Sie, daß Constanze sich richtig verhält?; 1963: Das große Liebesspiel; 1965: Herr auf Schloß Brassac / Le tonnerre de Dieu; Geheimaktion Crossbow / Operation Crossbow; 1966: Der Kongreß amüsiert sich; 1967: Paarungen; 1969: Der Killer und die Dirne / Hard Contract; 1970: Der Mann mit der Torpedohaut / La peau de Torpedo; 1971: Diabolisch / What the Peeper Saw; 1975: Lotte in Weimar; 1981: Feine Gesellschaft – beschränkte Haftung.

Harry Piel

12. 7. 1892 in Düsseldorf – 27. 3. 1963 in München (eigentlich Heinrich Piel). Brannte mit vierzehn von zu Hause durch, kam 1912 in Paris als Darsteller zum Film, reüssierte auch als Drehbuchautor und Regisseur seiner eigenen Filme, drehte seine waghalsigen Sensationsfilme (über 100) stets ohne Double, besaß die eigene Produktionsfirma »Ariel-Film GmbH«. Bis 1960 verheiratet mit seiner langjährigen Filmpartnerin Dary Holm.

1912: Schwarzes Blut; Der Börsenkönig; Der Triumph des Todes; 1913: Harakiri; Im Leben verspielt; Menschen und Masken; 1914: Das Teufelsauge; Der Millionenraub; Die Millionen-Mine; 1915: Das Geheimnis von D 14; Der schwarze Husar; Die große Wette; Im Banne der Vergangenheit; 1916: Das geheimnisvolle Telephon; Das lebende Rätsel; Unter heißer Sonne; 1917: Um eine Million; Zur Strekke gebracht; 1918: Das amerikanische Duell; Das rollende Hotel; 1919: Das Auge des Götzen; Der große Coup; Über den Wolken; 1920: Das fliegende Auto; Das Gefängnis auf dem Meeresgrund; Das Geheimnis des Zirkus Barre; Der Verächter des Todes; Die Luftpiraten; 1921: Der Reiter ohne Kopf; 1922: Das verschwundene Haus; 1923: Menschen und Masken; Rivalen; 1924: Auf gefährlichen Spuren; Der Mann ohne Nerven; 1925: Abenteuer im Nachtexpress; Schneller als der Tod; Zigano, der Brigant von Monte Diavolo; 1926: Achtung, Harry! Augen auf!; Was ist los im Zirkus Beely?; 1927: Sein größter Bluff; Rätsel einer Nacht; 1928: Mann gegen Mann; Panik; Seine stärkste Waffe; 1929: Die Mitternachts-Taxe; Sein bester Freund. *Tonfilme:* 1930: Er oder ich; 1931: Bobby geht los; Schatten der Unterwelt; 1932: Schiff ohne Hafen; Der Geheimagent; Johnny stiehlt Europa; 1933: Ein Unsichtbarer geht durch die Stadt; Sprung in den Abgrund; 1934: Der Herr der Welt; Die Welt ohne Maske; 1935: Artisten; 1936: Der Dschungel ruft; 90 Minuten Aufenthalt; 1937: Sein bester Freund; 1938: Der unmögliche Herr Pitt; Menschen, Tiere, Sensationen; 1943: Panik (1953 aufgeführt unter dem Titel »Gesprengte Gitter«); 1951: Tiger Akbar.

Rudolf Platte

12. 2. 1904 in Dortmund-Hörde – 18. 12. 1984 in Berlin. Nach dem Jesuiten-Internat in Hildesheim mit 16 Jahren zur Bühne. Erste große Erfolge 1925 als Shylock an der Düsseldorfer Freilichtbühne. In Berlin von Werner Finck auch für komische Rollen entdeckt. 1941 Direktor des Berliner Theaters an der Behrenstraße. 1929 erster Film: *Revolte im Erziehungshaus.* Seitdem, vor allem auch nach 1945, wechselnde Bühnen- und Filmauftritte, später auch TV-Karriere, u. a. seine berühmte Neuinterpretation des »Hauptmann von Köpenick«, 1960.

1929: Revolte im Erziehungshaus; 1931: Drei Tage Liebe; 1932: Die – oder keine; F.P.1 antwortet nicht; Liebe auf den ersten Ton; 1933: Hitlerjunge Quex; Keine Angst vor Liebe; Zwei gute Kameraden; 1934: Charleys Tante; Der Meisterboxer; Der Vetter aus Dingsda; Gold; Heinz im Mond; Pappi; So ein Flegel; 1935: Einer zuviel an Bord; Liebeslied; Zigeunerbaron; 1936: Blinde Passagiere; Das Hofkonzert; Der lustige Witwenball; Donogoo Tonga; Hans im Glück; 1937: Autobus S; Der Landstreicher; Gasparone; Mädchen für alles; 1938: Der Blaufuchs; Frühlingsluft; Großalarm; Nanu, Sie kennen Korff noch nicht?; Schwarzfahrt ins Glück; 1939: Der Vorhang fällt; Ehe in Dosen; Frau am Steuer; Im Namen des Volkes; 1940: Die lustigen Vagabunden; Für die Katz; Liebesschule; Meine Tochter tut das nicht; Traummusik; 1941: Alarm; Familienanschluß; Sonntagskinder; 1942: So ein Früchtchen; 1943: Alles aus Liebe; Ein Walzer mit Dir; 1944: Der Meisterdetektiv; 1948: Kätchen für alles; 1949: Nach Regen scheint Sonne; 1950: Die Dritte von rechts; Mamitschka; Wenn Männer schwindeln; 1951: Engel im Abendkleid; Eva im Frack; 1952: Fiakermilli; Meine Frau macht Dummheiten; 1953: Ball im Savoy; Hollandmädel; Die Junggesellenfalle; Die tolle Lola; 1954: Columbus entdeckt Krähwinkel; Meine Schwester und ich; Die süßesten Früchte; 1955: Der falsche Adam; 1956: Ich und meine Schwiegersöhne; Die schöne Meisterin; 1957: Tante Wanda aus Uganda; Die Unschuld vom Lande; Wenn die Bombe platzt; 1958: Der Haus-Tyrann; Der Maulkorb; 1959: Buddenbrooks; La Paloma; 1960: Als geheilt entlassen; Das kunstseidene Mädchen; Marina; 1962: Sein bester Freund; Der Vogelhändler; Der 42. Himmel; 1964: Herrenpartie; 1970: Die Herren mit der weißen Weste; 1974: Auch ich war ein mittelmäßiger Schüler; 1982: Die Sehnsucht der Veronika Voss.

Henny Porten

7. 1. 1890 in Magdeburg – 15. 10. 1960 in Berlin (eigentlich Frieda Ulricke Porten). Entdeckt von Filmpionier Oskar Meßter; die erste deutsche Kino-Diva. Zwischen 1924 und 1933 eigene Filmproduktion, nach 1933 Schwierigkeiten mit den Machthabern wegen ihres jüdischen Mannes. Nach dem Krieg Comeback bei der ostdeutschen DEFA.

1907: Lohengrin; Meißner-Porzellan; 1908: Funiculi-Funicula; 1910: Das Geheimnis der Toten; Schuld und Sühne; Das Liebesglück einer Blinden; 1911: Friedel, der Geiger; Adressatin verstorben; Das Adoptivkind; Ein Fehltritt; Das Glöcklein des Glücks; Maskierte Liebe; Renate; Zu späte Reue; 1912: Das Opfer; Des Lebens Würfelspiel; Des Pfarrers Töchterlein; Ein Ehrenwort; Die Toten schweigen; Einer Mutter Opfer; Geächtet; Kämpfende Herzen; Königin der Nacht; 1913: Der Weg des Lebens; Die Bergnacht; Eva; Ihr guter Ruf; Ihre Hoheit; Komteß Ursel; Schuldig; Um das Glück betrogen; 1914: Alexandria; Die große Sünderin; Gretchen Wendland; Nordlandrose; Das Ende vom Lied; 1915: Auf der Alm, da gibt's ka Sünd; Der Sieg des Herzens; Märtyrerin der Liebe; Nur nicht heiraten; 1916: Abseits vom Glück; Das wandernde Licht; Ruf der Liebe; Die Räuberbraut; Gelöste Ketten; Ihr bester Schuß; 1917: Auf Probe gestellt; Christa Hartungen; Die Claudi vom Geiserhof; Die Ehe der Luise Rohrbach; Die Faust des Riesen; Die Prinzessin von Neutralien; Gefangene Seele; Gräfin Küchenfee; 1918: Agnes Arnau und ihre drei Freier; Die blaue Laterne; Die Heimkehr des Odysseus; 1919: Die Fahrt ins Blaue; Die lebende Tote; Die Schuld; Monica Vogelsang; Rose Bernd; 1920: Anna Boleyn; Kohlhiesels Töchter; 1921: Die Geier-Wally; Hintertreppe; 1922: Frauenopfer; 1923: I.N.R.I; Inge Larsen; Das Geheimnis vom Brinkenhof; 1924: Gräfin Donelli; Mutter und Kind; Prater; 1925: Tragödie; Rosen aus dem Süden; Kammermusik; 1927: Meine Tante – deine Tante; 1928: Liebe im Kuhstall; Liebe und Diebe; Lotte; 1929: Die Herrin und ihr Knecht; Mutterliebe. *Tonfilme:* 1930: Kohlhiesels Töchter; Skandal um Eva; 1931: 24 Stunden aus dem Leben einer Frau; Luise, Königin von Preußen; 1933: Mutter und Kind; 1935: Krach im Hinterhaus; 1938: Der Optimist; War es der im 3. Stock?; 1941: Komödianten; 1942: Symphonie eines Lebens; 1943: Wenn der junge Wein blüht; 1944: Familie Buchholz; Neigungsehe; 1950: Absender unbekannt; 1954: Carola Lamberti; 1955: Das Fräulein von Scuderi.

Rudolf Prack

2. 8. 1902 in Wien – 3. 12. 1981 Wien. Finanzierte sein Schauspielstudium am Reinhardt-Seminar als Bankangestellter und begann seine Bühnenkarriere im Theater an der Josephstadt, Wien. Der Film entdeckte ihn erst relativ spät, doch dann wurde er ein gefragter Filmliebhaber. War sowohl im österreichischen Film, im Film des Dritten Reichs wie auch im Nachkriegskino lange Jahre erfolgreich; gegen Ende seiner Laufbahn trat er auch in beliebten Fernsehserien (»Landarzt Doktor Brock« u. a.) auf.

1937: Florentine; 1938: Prinzessin Sissi; 1939: Mutterliebe; 1940: Der liebe Augustin; Krambambuli; 1942: Die goldene Stadt; Die große Nummer; 1943: Der ewige Klang; Reise in die Vergangenheit; 1944: Die heimlichen Bräute; 1945: Ein Herz schlägt für Dich; 1948: Fregola; 1949: Heimliches Rendevouz; 1950: Schwarzwaldmädel; Frau mit Herz; 1951: Grün ist die Heide; 1952: Ferien vom Ich; Wenn abends die Heide träumt; Lockende Sterne; 1953: Wenn am Sonntagabend die Dorfmusik spielt; Kaiserwalzer; Komm zurück; Die Privatsekretärin; 1954: Roman eines Frauenarztes; Kaisermanöver; 1955: Ball im Savoy; Heimatland; Der Kongreß tanzt; 1956: Kronprinz Rudolfs letzte Liebe; Dany, bitte schreiben Sie; 1957: Der Page vom Palasthotel; Das einfache Mädchen; 1958: Aus dem Tagebuch eines Frauenarztes; Die Landärztin; Der Priester und das Mädchen; 1959: Du bist wunderbar; 1960: Die junge Sünderin; Ein Herz braucht Liebe; 1961: Frau Irene Besser; Mariandl; Vertauschtes Leben; 1962: Mariandls Heimkehr; 1963: Schwejk's Flegeljahre; 1964: Happy End am Wörthersee; Die lustigen Weiber von Tirol; 1965: Heidi; Ruf der Wälder; 1970: Frau Wirtin bläst auch gern Trompete; 1971: Sie nannten ihn Krambambuli; 1974: Der Jäger von Fall; Karl May; 1976: Die Standarte.

Lilo Pulver

Geboren 11. 10. 1929 in Bern (eigentlich Liselotte Pulver). Nach ihrer Schauspielausbildung Beginn der Bühnenlaufbahn am Berner Stadttheater und Zürcher Schauspielhaus. Knapp zwanzigjährig wirkte sie in ihrem ersten Film *Swiss Tour* mit, pendelte zwischen Film- und Theaterarbeit hin und her und hatte dann ihre entscheidenden Publikumserfolge im gehobenen deutschen Nachkriegslustspiel. Für *Das Wirtshaus im Spessart* (1957) erhielt sie den Bundesfilmpreis als beste Darstellerin. Verheiratet mit dem Schauspieler Helmut Schmid. Auf dem Höhepunkt ihrer Beliebtheit überraschte sie mit dem Vorschlag, für Prominente ein paar niemand zugängliche Oasen des Privaten zu schaffen.

1949: Ein Seemann ist kein Schneemann / Swiss Tour; 1951: Heidelberger Romanze; 1952: Klettermaxe; Fritz und Friederike; 1953: Ich und Du; Von Liebe reden wir später; Männer im gefährlichen Alter; 1954: Uli der Knecht; Der letzte Sommer;

Schule für Eheglück; 1955: Griff nach den Sternen; Ich denke oft an Piroschka; 1956: Heute heiratet mein Mann; 1957: Das Wirtshaus im Spessart; Bekenntnisse des Hochstaplers Felix Krull; Die Zürcher Verlobung; 1958: Das Spiel war sein Fluch / Le joueur; Helden; 1959: Buddenbrooks; 1960: Das Spukschloß im Spessart; Das Glas Wasser; Gustav Adolfs Page; 1962: Kohlhiesels Töchter; 1963: Frühstück im Doppelbett; Ein fast anständiges Mädchen; 1964: Monsieur / Monsieur; 1965: Dr. med. Hiob Prätorius; 1966: Hokuspokus; Die Nonne / Suzanne Simonin, la réligieuse de Diderot; Blüten, Gauner und die Nacht von Nizza / Le jardinier d'Argenteuil; 1967: Herrliche Zeiten im Spessart; 1969: Die Hochzeitsreise; 1975: Monika und die Sechzehnjährigen.

Carl Raddatz

13. 3. 1912 in Mannheim. Dort Schauspielunterricht bei Willy Birgel. Über verschiedene Theaterstationen nach Berlin, das seine Heimat wurde. Seit 1937 beim Film. Synchronsprecher von Humphrey Bogart, Robert Taylor, Lee Marvin u. a. In den sechziger Jahren fast ausschließlich Bühnen- und Fernsehauftritte. Er war verheiratet mit der Schauspielerin Hannelore Schroth.

1937: Urlaub auf Ehrenwort; 1938: Liebelei und Liebe; Verklungene Melodie; 1939: Befreite Hände; Wir tanzen um die Welt; 1940: Golowin geht durch die Stadt; Wunschkonzert; Zwielicht; 1941: Heimkehr; Stukas; Über alles in der Welt; 1942: Der 5. Juni; 1943: Immensee; 1944: Das war mein Leben; Eine Frau für drei Tage; Opfergang; 1945: Unter den Brücken; 1947: In jenen Tagen; Zugvögel; 1949: Wohin die Züge fahren; 1950: Der Schatten des Herrn Monitor; Gabriela; Taxi-Kitty; 1952: Gift im Zoo; Türme des Schweigens; 1954: Regina Amstetten; Geständnis unter vier Augen; 1955: Rosen im Herbst; Nacht der Entscheidung; Oase; 1956: Friederike von Barring; Preis der Nationen; 1958: Das Mädchen Rosemarie; 1960: Verrat auf Befehl / The Counterfeit Traitor; 1976: Jeder stirbt für sich allein.

Marika Rökk

1. 11. 1913 in Kairo. Mutter Ungarin, Vater deutschstämmig. Erhielt früh Ballettunterricht und tanzte mit acht Jahren im Kinderballett der Budapester Oper, mit elf im Pariser »Moulin Rouge« und mit fünfzehn am Broadway. 1929 Auftritte am »Trocadero« in Hamburg und in der »Scala«, Berlin. Nach ihrer Rückkehr nach Budapest wurde sie die Attraktion des Zirkus Renz. Dort wurde sie während einer Tournee 1933 von der Ufa entdeckt und avancierte danach zum umjubelten Star der Musik-, Tanz- und Revuefilme des Dritten Reichs. Ihr Versuch, in den fünfziger Jahren an ihre früheren Erfolge anzuknüpfen, scheiterte. Sie trat deshalb überwiegend auf der Bühne und in TV-Shows auf und ließ 1974 ihre Autobiographie unter dem Titel »Herz mit Paprika« erscheinen.

1935: Leichte Kavallerie; 1936: Der Bettelstudent; Heißes Blut; Und du, mein Schatz, fährst mit; 1937: Gasparone; Karussell; 1938: Eine Nacht im Mai; 1939: Es war eine rauschende Ballnacht; Hallo Janine; 1940: Kora Terry; Wunschkonzert; 1941: Frauen sind doch bessere Diplomaten; Tanz mit dem Kaiser; 1942: Hab' mich lieb; 1944: Die Frau meiner Träume; 1948: Fregola; 1950: Das Kind der Donau; 1951: Sensation in San Remo; Die Csardasfürstin; 1953: Maske in Blau; Die geschiedene Frau; 1957: Nachts im grünen Kakadu; 1958: Bühne frei für Marika!; 1959: Die Nacht vor der Premiere; 1961: Heute gehn wir bummeln; Mein Mann, das Wirtschaftswunder; Die Fledermaus; 1962: Hochzeitsnacht im Paradies.

Heinz Rühmann

7. 3. 1902 in Essen. Schauspielausbildung in München. 1940, während seiner Arbeit am Preußischen Staatstheater Berlin zum Staatsschauspieler ernannt. 1926 zum Film, zwischen 1947 und 1952 eigene Produktionsfirma »Comedia«, in den sechziger und siebziger Jahren Theater und Fernsehen. War von 1939 bis 1970 mit der Schauspielerin Hertha Feiler verheiratet. Lebt mit seiner dritten Frau Hertha Droemer am Starnberger See.

1926: Das deutsche Mutterherz. *Tonfilme:* 1930: Die Drei von der Tankstelle; Einbrecher; 1931: Der Mann, der seinen Mörder sucht; Bomben auf Monte Carlo; Meine Frau, die Hochstaplerin; Der brave Sünder; Man braucht kein Geld; 1932: Es wird schon wieder besser; Strich durch die Rechnung; 1933: Lachende Erben; Heimkehr ins Glück; 1934: So ein Flegel; Heinz im Mond; Pipin der Kurze; 1935: Der Himmel auf Erden; Wer wagt – gewinnt; Eva; 1936: Ungeküßt soll man nicht schlafen gehn; Allotria; Wenn wir alle Engel wären; 1937: Lumpazivagabundus; Der Mann, der Sherlock Holmes war; Der Mustergatte; 1938: Die Umwege des schönen Karl; 13 Stühle; Fünf Millionen suchen einen Erben; Lauter Lügen; Nanu, Sie kennen Korff noch nicht?; 1939: Hurra, ich bin Papa; Lauter Liebe; Paradies der Junggesellen; 1940: Der Gasmann; Kleider machen Leute; 1941: Hauptsache glücklich; Quax, der Bruchpilot; 1943: Ich vertraue dir meine Frau an; Die Feuerzangenbowle; 1948: Der Herr vom anderen Stern; 1949: Ich mach' dich glücklich; 1952: Das kann jedem passieren; 1953: Briefträger Müller; 1954: Auf der Reeperbahn nachts um halb eins; 1955: Charleys Tante; Wenn der Vater mit dem Sohne; 1956: Schneider Wibbel; Der Hauptmann von Köpenick; 1958: Der eiserne Gustav; Der Pauker; 1959: Der Jugendrichter; 1960: Mein Schulfreund; Das schwarze Schaf; 1961: Der brave Soldat Schwejk; Max, der Taschendieb; 1963: Das Haus in Montevideo; 1964: Dr. med. Hiob Prätorius; Das Narrenschiff / Ship of Fools; 1965: Hokuspokus; 1966: Maigret und sein größter Fall; Grieche sucht Griechin; 1968: Die Abenteuer des Kardinal Braun; 1971: Der Kapitän; 1973: Oh Jonathan – oh Jonathan!; 1976: Gefundenes Fressen; 1977: Das chinesische Wunder.

Adele Sandrock

19. 8. 1864 in Rotterdam – 30. 8. 1937 in Berlin. Erster Theaterauftritt in Berlin 1878. Zahlreiche Gastspiele, auch mit eigener Theatertruppe, im Ausland. Ab 1925 große Filmkarriere, die mit dem Tonfilm noch zunahm. Sie war zeitlebens unverheiratet und lebte mit ihrer zwei Jahre älteren Schwester in Berlin.

1911: Marianne, ein Weib aus dem Volke; 1915: Beichte einer Verurteilten; 1919: Malaria; 1920: Exzellenz Unterrock; Herztrumpf; Marizza, genannt Schmugglermadonna; 1921: Die schwarze Pantherin; Lady Hamilton; Violet; 1922: Der Absturz; Die Tänzerin Navarro; Dr. Mabuse, der Spieler; Lucrezia Borgia; 1923: Die Liebe einer Königin; 1924: Helena; Die Radio-Heirat; Die Schmetterlingsschlacht; 1925: Nixchen; Die Waise von Lowood; 1927: Feme; Der Himmel auf Erden; Königin Luise; 1928: Der Ladenprinz; Lotte; Die Zirkusprinzessin; 1929: Fräulein Else; Katharina Knie; Verirrte Jugend. *Tonfilme:* 1930: Die zärtlichen Verwandten; Seitensprünge; 1931: Der Kongreß tanzt; Die Försterchristl; Die schwebende Jungfrau; Strohwitwer; Walzerparadies; 1932: Der Sieger; Der tolle Bomberg; Der verliebte Blasekopp; Friedrike; Liebe auf den ersten Ton; 1933: Glückliche Reise; Morgenrot; 1934: Alles hört auf mein Kommando; Da stimmt was nicht; Der letzte Walzer; Die englische Heirat; Die Töchter ihrer Exzellenz; Zigeunerblut; 1935: Alle Tage ist kein Sonntag; Amphitryon; Der Himmel auf Erden; Der Kampf mit dem Drachen; Der falsche Fuffziger; Kirschen in Nachbars Garten; 1936: Der Favorit der Kaiserin; Der schüchterne Casanova; Engel mit kleinen Fehlern; Flitterwochen; Skandal um die Fledermaus.

Maria Schell

5. 1. 1926 in Wien. Kaufmännische Lehre, danach Schauspielschule in Zürich. Erste Filmnebenrolle in *Steinbruch* (1942). Theater- und Filmauftritte auch in Frankreich, Italien und den USA. In den siebziger Jahren TV-Aufgaben, u. a. in US-

Fernsehserien. Lebt mit ihrem zweiten Ehemann, dem Regisseur Veit Relin, in der Nähe von Wasserburg am Inn.

1942: Steinbruch; 1943: Maturareise; 1948: Maresi; Nach dem Sturm; Der Engel mit der Posaune; 1950: Es kommt ein Tag; 1951: Dr. Holl; 1952: Bis wir uns wiederseh'n; Der träumende Mund; 1953: Das Herz aller Dinge / The Heart of the Matter; Solange du da bist; Tagebuch einer Verliebten; 1954: Herr über Leben und Tod; Die letzte Brücke; 1955: Die Ratten; 1956: Liebe; Rose Bernd; 1957: Weiße Nächte / Le notti bianchi; Die Brüder Karamasow / The Brothers Karamazov; 1958: Schinderhannes; Ritt zum Galgenbaum / The Hanging Tree; 1959: Raubfischer in Hellas; 1960: Cimarron / Cimarron; 1961: Das Riesenrad; 1962: Ich bin auch nur eine Frau; 1969: Der Hexentöter von Blackmoor; 1972: Die Pfarrhauskomödie; 1976: So oder so ist das Leben; Reise der Verdammten / Voyage of the Damned; 1979: Die erste Polka.

Sybille Schmitz

2. 12. 1909 in Düren – 13. 4. 1955 in München. Erziehung in einem Kloster, Schauspielschule Köln. Kam als Siebzehnjährige zu Max Reinhardt ans Deutsche Theater, Berlin, ging 1930 ans Hessische Landestheater und setzte dann in Berlin ihre Bühnenkarriere fort. In den dreißiger Jahren wurde sie einer der großen Stars des deutschen Films, kollidierte jedoch mit den Machthabern des Reichs und mußte mit ihrem Mann Harald G. Petersson vorübergehend in einem österreichischen Dorf Unterschlupf suchen, ehe sie Gründgens wieder vor die Kamera holte. Mißerfolge im Nachkriegsfilm führten zu Tablettensucht, sie schied freiwillig aus dem Leben.

1928: Freie Fahrt; Polizeibericht Überfall; 1929: Tagebuch einer Verlorenen. *Tonfilme:* 1931: Vampyr / Vampire; 1932: F.P.1 antwortet nicht; 1934: Rivalen der Luft; Abschiedswalzer; Der Herr der Welt; Musik im Blut; 1935: Oberwachtmeister Schwenke; Ein idealer Gatte; Ich war Jack Mortimer; Punks kommt aus Amerika; Stradivari; Wenn die Musik nicht wär'; 1936: Die Leuchter des Kaisers; Die Unbekannte; Fährmann Maria; 1937: Die Kronzeugin; Signal in der Nacht; 1938: Die Umwege des schönen Karl; Tanz auf dem Vulkan; 1939: Die Frau ohne Vergangenheit; Hotel Sacher; 1940: Trenck, der Pandur; 1941: Clarissa; Wetterleuchten um Barbara; 1942: Vom Schicksal verweht; 1943: Die Hochstaplerin; Titanic; 1944: Das Leben ruft; 1947: Zwischen gestern und morgen; 1948: Die letzte Nacht; 1950: Die Lüge; Sensation im Savoy; Kronjuwelen; 1952: Illusion in Moll.

Romy Schneider

23. 9. 1938 in Wien – 29. 5. 1982 in Paris (eigentlich Rosemarie Albach-Retty). Erziehung in einem Internat bei Berchtesgaden, 1953 Filmdebüt von der Schulbank weg in *Wenn der weiße Flieder wieder blüht* an der Seite ihrer Mutter Magda Schneider. Erntete schon wenige Jahre später Weltruhm mit ihren drei »Sissi«-Filmen; um diesem Klischee zu entkommen, setzte sie sich nach Paris ab und startete dort eine zweite Karriere mit einem völlig neuen Image. Sie filmte unter bekannten Regisseuren wie Visconti, Welles, Sautet, gab auch ein Gastspiel in Hollywood und wurde in den siebziger Jahren ein Weltstar. Nicht nur durch ihren tragischen Tod sorgte sie auch immer wieder für Schlagzeilen in der Boulevardpresse.

1953: Wenn der weiße Flieder wieder blüht; 1954: Feuerwerk; Mädchenjahre einer Königin; 1955: Die Deutschmeister; Sissi; 1956: Sissi, die junge Kaiserin; Kitty und die große Welt; Robinson soll nicht sterben; 1957: Sissi – Schicksalsjahre einer Kaiserin; Monpti; 1958: Scampolo; Mädchen in Uniform; Christine / Christine; 1959: Die Halbzarte; Die schöne Lügnerin; Katja – die ungekrönte Kaiserin / Katja; 1961: Der Kampf auf der Insel / Le combat dans l'île; 1962: Der Prozeß / Le procès; 1963: Der Kardinal / The Cardinal; 1964: Leih' mir deinen Mann / Good Neighbour Sam; 1965: Halb elf in einer Sommernacht / P. M. Summer; 1966: Schornstein Nr. 4 / La voleuse; 1968: Der Swimmingpool / La piscine; 1969: Die Dinge des Lebens / Les choses de la vie; 1970: Bloomfield / Bloomfield; La Califfa / La califfa; Das Mädchen und der Kommissar / Max et les ferrailleurs; 1971: Das Mädchen und der Mörder / L'assassinat de Trotzky; 1972: Ludwig / Ludwig II.; Cesar und Rosalie / César et Rosalie; 1973: Le Train – Nur ein Hauch von Glück / Le train; Das wilde Schaf / Le mouton enragé; 1974: Trio Infernal / Le trio infernal; Nachtblende / L'important c'est d'aimer; Die Unschuldigen mit den schmutzigen Händen / Les innocents aux mains sales; 1975: Das alte Gewehr / Le vieux fusil; 1976: Die Frau am Fenster / Une femme á sa fenêtre; Mado / Mado; 1977: Gruppenbild mit Dame; 1978: Eine einfache Geschichte / Une histoire simple; 1979: Blutspur / Bloodline; Die Liebe einer Frau / Clair de femme; Der gekaufte Tod / Death Watch; 1980: Die Bankiersfrau / La banquière; Die zwei Gesichter einer Frau / Fantasma d'amore; 1981: Das Verhör / Garde á vue; Die Spaziergängerin von Sanssouci / La passante du Sans-Souci.

Hanna Schygulla

25. 12. 1943 in Kattowitz. Als sie zwei Jahre alt war, floh ihre Mutter mit ihr aus Schlesien in einem der letzten Züge nach München. Studierte Germanistik und Romanistik, gründete mit Fassbinder das »antiteater« in München und erhielt 1970 den Schwabinger Kunstpreis. Sie war bereits Regieassistentin und hatte eine erfolgreiche Theaterarbeit hinter sich, als sie mit den Fassbinder-Filmen zum Star des Neuen Deutschen Films aufstieg. Schließlich emanzipierte sie sich von ihrem »Macher« geistig und künstlerisch, um sich im internationalen Film unter Regisseuren wie Wajda, Godard oder Ferreri zu profilieren.

1969: Liebe ist kälter als der Tod; Katzelmacher; Götter der Pest; Jagdszenen aus Niederbayern; 1970: Warnung vor einer heiligen Nutte; Kuckucksei im Gangsternest; 1971: Der Händler der vier Jahreszeiten; 1972: Die bitteren Tränen der Petra von Kant; 1974: Effie Briest; Falsche Bewegung; 1975: Ansichten eines Clowns; 1978: Die dritte Generation; Die Ehe der Maria Braun; 1980: Lili Marleen; 1981: Die Fälschung; 1982: Passion / Passion; Heller Wahn; 1983: Geschichte der Piera / La storia di Piera; Eine Liebe in Deutschland; Heller Wahn / L'amie.

Kristina Söderbaum

5. 9. 1912 in Stockholm. Durfte sich erst nach dem Tod ihres Vaters mit der Schauspielerei beschäftigen, ging Mitte der dreißiger Jahre nach Berlin und nahm dort Schauspielunterricht bei Rudolf Klein-Rogge. Erste Filmrolle in *Onkel Bräsig* (1936); wurde von Regisseur Veit Harlan entdeckt, der ein Ännchen für seinen Film *Jugend* (nach Max Halbe) suchte. Kristina Söderbaum spielte danach ausschließlich in den stilisierten Melodramen Harlans, der sie auch heiratete, und zählte in kurzer Zeit zu den beliebtesten Stars des Dritten Reichs. Sie war auch im Nachkriegsfilm noch aktiv, allerdings nur bis zum Tod von Harlan im Jahre 1964. Danach ließ sie sich als Fotografin ausbilden, trat allerdings noch einmal in dem Syberberg-Film *Karl May* (1974) vor die Kamera.

1936: Onkel Bräsig; 1938: Jugend; Verwehte Spuren; 1939: Das unsterbliche Herz; Die Reise nach Tilsit; 1940: Jud Süß; 1942: Der große König; Die goldene Stadt; 1943: Immensee; 1944: Opfergang; 1945: Kolberg; 1951: Unsterbliche Geliebte; Hanna Amon; 1952: Die blaue Stunde; 1953: Sterne über Colombo; 1954: Die Gefangene des Maharadscha; Verrat an Deutschland; 1957: Zwei Herzen im Mai; 1958: Ich werde dich auf Händen tragen; 1974: Karl May.

Hans Söhnker

11. 10. 1905 in Kiel – 21. 4. 1981 in Berlin. Lehrling in einem Möbelhaus, Schauspielschule am Kieler Stadttheater; wanderte über die Bühnen Frankfurt/Oder, Danzig, Chemnitz und Baden-Baden bis Berlin, wo

er sich in kurzer Zeit zum Charmeur und Publikumsliebung mauserte. Seine Filmkarriere begann 1933 und entwickelte sich rasant, Söhnker spielte von da an in fünf bis sechs Filmen jährlich. Auch nach dem Krieg konnte er seine Position im bundesdeutschen Film behaupten, als allerdings in den frühen sechziger Jahren ein neuer Männertyp gefragt war, wechselte der Star ins TV und wurde dort eine Säule des Familienfernsehens.

1933: Der Zarewitsch; 1934: Die Czardasfürstin; Ich sing' mich in dein Herz hinein; Jede Frau hat ein Geheimnis; 1935: Eva; Der junge Graf; Liebesträume; Sie und die Drei; 1936: Diener lassen bitten; Flitterwochen; Die Drei um Christine; Truxa; Und Du, mein Schatz, fährst mit; 1937: Der Mustergatte; Der Unwiderstehliche; Die Fledermaus; Musik für Dich; 1938: Der Tag nach der Scheidung; Die Frau am Scheideweg; Die vier Gesellen; Geld fällt vom Himmel; 1939: Gold in New Frisco; Irrtum des Herzens; Männer müssen so sein; Nanette; 1940: Blutsbrüderschaft; Frau nach Maß; 1941: Auf Wiedersehen, Franziska; 1942: Der Strom; Meine Frau Theresa; 1943: Ein Mann mit Grundsätzen; Liebespremiere; Nacht ohne Abschied; 1944: Der Engel mit dem Saitenspiel; Große Freiheit Nr. 7; 1947: Film ohne Titel; 1949: Hallo, Fräulein; 1 × 1 der Ehe; Geliebter Lügner; 1950: Nur eine Nacht; 1951: Weiße Schatten; Mein Freund der Dieb; 1952: Königin der Arena; 1953: Muß man sich gleich scheiden lassen?; Die Stärkere; 1954: Hoheit lassen bitten; Ein Leben für Do; Männer im gefährlichen Alter; 1955: Eine Frau genügt nicht?; Oberarzt Dr. Solm; Studentin Helen Willfüer; 1956: Geliebte Corinna; Wenn wir alle Engel wären; 1957: Die Freundin meines Mannes; Immer, wenn der Tag beginnt; 1959: Ich heirate Herrn Direktor; Serenade einer großen Liebe; 1960: Die Fastnachtsbeichte; Immer will ich dir gehören; 1963: Das Phantom von Soho; 1968: Der Hund von Blackwood Castle.

Nadja Tiller

16. 3. 1929 in Wien. Ballett- und Schauspielunterricht an der Akademie, Wien. Fotomodell, Mannequin, 1949 zur »Miß Austria« gewählt. Im österreichischen und deutschen Film zunächst ausschließlich als Mondäne und Flittchen eingesetzt, wurde die Rolle der Dirne Nitribitt in *Das Mädchen Rosemarie* (1958) zum krönenden Abschluß in diesem Spezialfach. Spätestens zu diesem Zeitpunkt bot man ihr auch ernsthafte Charakterrollen an, und in den folgenden Jahren gelang ihr sogar der Sprung in den internationalen Film, wo sie an der Seite von Stars wie Belmondo, Rod Steiger oder Jean Gabin spielte. Seit 1956 mit dem Schauspieler Walter Giller verheiratet.

1949: Märchen vom Glück; Kleiner Schwindel am Wolfgangsee; 1950: Kind der Donau; 1953: Einmal keine Sorgen haben; 1954: Mädchen mit Zukunft; Sie; Gestatten, mein Name ist Cox; 1955: Das Bad auf der Tenne; Die Barrings; Hotel Adlon; 1956: Friederike von Barring; Fuhrmann Henschel; Spion für Deutschland; 1957: El Hakim; 1958: Das Mädchen Rosemarie; Im Mantel der Nacht / Le désordre et la nuit; 1959: Buddenbrooks; Labyrinth; Rififi bei den Frauen / Du Rififi chez les femmes; 1961: Affäre Nina B.; Geliebte Hochstaplerin; 1962: Das brennende Gericht / La chambre ardente; Lulu; Schwarze Seele / Anima nera; Erotica / L'amore difficile; 1963: Moral 63; Schloß Gripsholm; 1964: Tonio Kröger; 1965: Das Liebeskarussell; 1966: Ein Sommer zu dritt / L'éstate; Geliebter Schuft / Tendre voyou; 1968: Lady Hamilton; 1970: Ohrfeigen; Die Feuerzangenbowle; Engel, die ihre Flügel verbrennen; 1972: Das Geheimnis des gelben Grabes; 1975: Das ganz große Ding / Babysitter.

Luis Trenker

4. 10. 1892 in St. Ulrich/Südtirol. Studium der Ingenieurwissenschaften. Der Skilehrer und Alpinist Trenker wird von dem Bergfilm-Regisseur Arnold Fanck entdeckt. Erster Film *Das Wunder des Schneeschuhs.* Trenker spielte wagemutige Bergsteiger in Fancks alpinen Schicksalsdramen. Doch bald übernahm er selbst die Regie, wobei er gleichzeitig Drehbuchautor und Hauptdarsteller seiner ganz auf ihn zugeschnittenen Filme wurde. Den Höhepunkt seiner Karriere erreichte er in den dreißiger Jahren, er entdeckte dabei Stars wie Luise Ullrich, Maria Andergast oder Heidemarie Hatheyer. Als Autor von Berg- und Abenteuerromanen war Trenker sehr erfolgreich, seine Bücher erreichten Millionenauflagen. 1982 wurde sein 90. Geburtstag in St. Ulrich mit großem Aufwand öffentlich gefeiert.

1921: Das Wunder des Schneeschuhs; 1924: Der Berg des Schicksals; 1926: Der heilige Berg; 1927: Der große Sprung; 1928: Der Kampf ums Matterhorn; 1929: Der Ruf des Nordens. *Tonfilme:* 1930: Die heiligen drei Brunnen (Symphonie der Berge); Der Sohn der weißen Berge; 1931: Berge in Flammen (auch Regie); 1932: Der Rebell (auch Regie); 1934: Der verlorene Sohn (auch Regie); Polarstürme; 1936: Der Kaiser von Kalifornien (auch Regie); 1937: Condottieri (auch Regie); Der Berg ruft (auch Regie); 1938: Liebesbriefe aus dem Engadin; 1940: Der Feuerteufel (auch Regie); 1943: Germanin; Monte Miracolo; 1945: Im Banne des Monte Miracolo (auch Regie); 1949: Duell in den Bergen / Barriera ast trentrione (auch Regie), 1955: Flucht in die Dolomiten (auch Regie), 1957: Wetterleuchten um Maria (auch Regie); 1962: Sein bester Freund (auch Regie).

Olga Tschechowa

26. 4. 1897 in Alexandropol/Kaukasus – 9. 3. 1980 in München (eigentlich Olga von Knipper). Tochter eines zaristischen Ministers; filmte nach ihrer Flucht nach Deutschland 1921 unter Murnau, René Clair und versucht sich selbst mit der Verfilmung von Batailles *Ein Narr.* Drehte während des Dritten Reichs den größten Teil ihrer über 250 Filme und gründete nach dem Ende ihrer Karriere eine erfolgreiche Kosmetikfirma. Schrieb Bücher über Schönheit und ihre Autobiographie »Meine Uhren gehen anders. Abenteuer meines Lebens«, 1973.

1921: Schloß Vogelöd; Hochstapler; 1922: Der Todesreigen; 1923: Fahrt ins Glück; Nora; Die Pagode; Tatjana; Der verlorene Schuh; 1924: Die Bacchantin; Soll und Haben; 1925: Die Gesunkenen; Liebesgeschichten; Soll man heiraten?; Die Venus vom Montmartre; 1926: Familie Schimek; Die Mühle von Sanssouci; 1927: Der Meister der Welt; 1928: Weib in Flammen; Marter der Liebe; 1929: Diane; Die Liebe der Brüder Rott; Der Narr seiner Liebe (Regie); 1930: Troika. *Tonfilme:* Die Drei von der Tankstelle; Liebe im Ring; Liebling der Götter; Zwei Krawatten; 1931: Liebe auf Befehl; Mary; Nachtkolonne; 1932: Spione im Savoy-Hotel; 1933: Der Choral von Leuthen; Ein gewisser Herr Gran; Heideschulmeister Uwe Karsten; Liebelei; 1934: Der Polizeibericht meldet; Welt ohne Maske; Peer Gynt; Regine; Maskerade; Was bin ich ohne Dich; 1935: Die Pompadour; Künstlerliebe; Liebesträume; Lockspitzel Asew; 1936: Burgtheater; Der Favorit der Kaiserin; Maria Walewska; 1937: Gewitterflug zu Claudia; Liebe geht seltsame Wege; Unter Ausschluß der Öffentlichkeit; 1938: Rote Orchideen; Verliebtes Abenteuer; Zwei Frauen; 1939: Befreite Hände; Bel Ami; Ich verweigere die Aussage; Parkstraße 13; 1940: Angelika; Leidenschaft; 1942: Andreas Schlüter; Mit den Augen einer Frau; 1943: Der ewige Klang; Gefährlicher Frühling; Reise in die Vergangenheit; 1944: Melusine; 1949: Eine Nacht im Separée; 1950: Begierde; Aufruhr im Paradies; 1951: Geheimnis einer Ehe; 1952: Hinter Klostermauern; 1953: Alles für Papa; 1954: Rittmeister Wronski; 1955: Die Barrings; 1958: U 47 – Kapitänleutnant Prien; 1973: Die Zwillinge vom Immenhof; 1974: Frühling auf Immenhof.

Luise Ullrich

31. 10. 1911 in Wien – 22. 1. 1985 in München. Besuchte Schauspielkurse an der Wiener Kunstakademie. 1926: Bühnendebüt mit Sudermanns »Heimat«. Ging Anfang der dreißiger Jahre nach Berlin, wo ihr mit Billingers »Rauhnacht« der Durchbruch auf dem Theater gelang. Für den Film entdeckt wurde sie von Luis Trenker;

Berichtigung

Seite 20	Zeile 14 von oben: Werner Krauss spielte nicht die Titelrolle, sondern die *Hauptrolle.*
	Das Bild zeigt nicht Jannings mit Krauss, sondern Jannings mit *Hermann Valentin.*
	»Schicksalswende« war *kein Zusammenschnitt,* sondern der Titel, unter dem der Film »Die Entlassung« in der Schweiz gezeigt wurde.
Seite 32	Das doppelseitige Bild zeigt nicht Clark Gable, sondern *Bruce Cabot* mit Marlene Dietrich in »Die Abenteuerin«.
Seite 40	Die letzten Zeilen des Textes: Der Film hieß *»Der Pfingstausflug«,* Partner der Bergner war *Martin Held.*
Seite 56 und 60	*Willy* Fritsch statt Willi Fritsch.
Seite 60	Zeile 9 von unten: Nicht zehn, sondern *zwölf* gemeinsame Filme.
Seite 80	Bei dem Bild handelt es sich um den Film *»Lumpazivagabundus«* aus dem Jahr *1956.*
Seite 92	Zeile 7 von oben: Erich *Engel* statt Engels.
Seite 112	Zeile 4 von unten: *1941* statt 1914.
Seite 124	Zeile 16 von oben: Georg *Jacoby* statt Jakoby.
Seite 128	Zeile 6 von unten: *1945* statt 1943.
Seite 143	Das Bild zeigt Wesselys Tochter *Christiane Hörbiger* mit Rudolf Prack.
Seite 151	Zeile 14 von oben: *»Rose Bernd«* statt »Rose Berndt«.

Filmografie

Seite 190	Bei Elisabeth Bergner: 1937 *»Der träumende Mund«.* »Stolen Life« war *nicht* die US-Version von »Träumende Augen«.
Seite 192	Bei O. W. Fischer: *»Cuba Cabana«* statt »Cuba Cubana«.
Seite 193	Bei Willy Fritsch: »Melodie des Herzens« ist ein *Tonfilm.*
Seite 195	Gustaf Gründgens führte in »Der Schritt vom Wege« und »Zwei Welten« *nur* Regie.
	Bei Lilian Harvey: *»I am Suzanne«* statt »I am Suzan«.
	Der Film »Invitation to the Waltz« wurde in *Großbritannien* gedreht.
	Bei O. E. Hasse entfällt: *». . . und war der Gegenspieler von Clark Gable«.*
Seite 196	Bei Brigitte Horney: *»Savoy-Hotel 217«.*
Seite 198	Bei Gustav Knuth: *»Zwischen Hamburg und Haiti«* statt ». . . Tahiti«.
Seite 199	Bei Werner Krauss: *»Mensch ohne Namen«* statt »Menschen . . .«
	Bei La Jana: »Die Warschauer Zitadelle« ist ein *Tonfilm.*
Seite 208	Linke Spalte, Zeile 12 von oben: *»Taxi-Kitty«* statt »Taxi-Gattin«.
	Bei Ilse Werner: »Ein toller Tag« wurde vollendet, aber *erst 1954 uraufgeführt.*
	Für *»Epilog«* war Ilse Werner in der ersten Besetzungsliste vorgesehen, *spielte* aber *nicht mit.*

sie war sieben Jahre mit Victor de Kowa liiert, mit dem sie auch in zwei Filmen gemeinsam auftrat. Der vielseitige Star schlug 1939 ein Hollywood-Angebot aus und reiste stattdessen durch Südamerika; sie machte dabei die Bekanntschaft des Grafen Wolf Dietrich zu Castell, den sie heiratete. Sie schrieb die Erzählung »Sehnsucht, wohin führst du mich?«, Romane (»Ricarda«) und ihre Autobiographie »Komm auf die Schaukel, Luise«. Zu Beginn der achtziger Jahre wirkte sie in der Fassbinder-Fernsehserie »Acht Stunden sind kein Tag« mit.

1932: Der Rebell; 1933: Glück im Schloß; Heimkehr ins Glück; Leise flehen meine Lieder; Liebelei; 1934: Der Flüchtling aus Chicago; Liebe dumme Mama; Regine; Vorstadtvarieté; Zwischen zwei Herzen; 1935: Das Einmaleins der Liebe; Viktoria; 1936: Schatten der Vergangenheit; 1937: Versprich mir nichts; 1938: Der Tag nach der Scheidung; Ich liebe Dich; 1940: Liebesschule; 1941: Annelie; 1942: Der Fall Rainer; 1944: Nora; 1949: Nachtwache; Die Reise nach Marrakesch; 1953: Regina Amstetten; Vergiß die Liebe nicht; 1954: Ihre große Prüfung; Eine Frau von heute; 1955: Ich weiß, wofür ich lebe; Um Thron und Liebe; 1956: Der erste Frühlingstag; Die liebe Familie; 1957: Alle Wege führen heim; 1958: Ist Mama nicht fabelhaft?; 1960: Bis daß das Geld euch scheidet; Ein Student ging vorbei; 1961: Frau Irene Besser; Die Schatten werden länger.

Karl Valentin

4. 6. 1882 in München – 9. 2. 1948 Planegg bei München (eigentlich Valentin Ludwig Fey). Lernte das Schreinerhandwerk, ging dann das Wagnis ein, Musik-Clown und Varietékünstler zu werden. Erste Erfolge in Berlin, etablierte sich nach mehreren vergeblichen Anläufen in München als Volkssänger, wo er zusammen mit Liesl Karlstadt seine absurden Sketche vortrug. Seit 1913 begann er auch, seine Miniaturen und grotesken Kabarettnummern filmisch zu verarbeiten. 1923 drehte er zusammen mit Brecht und Engels die *Mysterien eines Frisiersalons;* zu Valentins Glanzpunkten zählt der Film *Der Firmling* (1934). Insgesamt sind 29 Filme und 12 Fragmente von ihm erhalten, der Rest ist verschollen. Der Künstler verstarb nach dem Zweiten Weltkrieg nahezu unbeachtet und verkannt in seiner Heimatstadt.

1913: Der Kuß; Die lustigen Vagabunden; 1914: Der neue Schreibtisch; 1920: Der Kinematograph; Zirkus Schnabelmann; Die Schönheitskonkurrenz; 1921: Der dritte Schlüssel; Drei Stunden im Himmel; 1922: Die harten Köpfe; 1923: Mysterien eines Frisiersalons; 1929: Mit dem Fremdenwagen nach München; Der Sonderling; Der Feuerwehrtrompeter; 1932: Die verkaufte Braut; Im Photoatelier; 1933: Orchesterprobe; 1934: Es knallt; Der Theaterbesuch; Im Schallplattenladen; Der verhexte Scheinwerfer; Der Firmling; So ein Theater; 1935: Kirschen in Nachbars Garten; 1936: Der Bittsteller; Beim Nervenarzt; Die karierte Weste; Beim Rechtsanwalt; Ein verhängnisvolles Geigensolo; Straßenmusik; Die Erbschaft; Donner, Blitz und Sonnenschein; 1937: Ewig Dein; Im Senderaum; 1938: Sparfilm I und II; 1941: In der Apotheke.

Conrad Veidt

22. 1. 1893 in Berlin – 3. 4. 1943 in Hollywood. Ausbildung am Max-Reinhardt-Seminar, Berlin; spielte im Ersten Weltkrieg an Fronttheatern. Von Richard Oswald für den Film entdeckt; seit er in einer seiner ersten Rollen *(Das Rätsel von Bangalor)* einen dämonischen Inder verkörperte, auf Bösewichte festgelegt. Veidt arbeitete unter den bedeutendsten Stummfilmregisseuren Murnau, Pabst, Wiene und führte zweimal selbst Regie. Er war auch im englischen, schwedischen und französischen Film erfolgreich; Anfang der dreißiger Jahre emigrierte der Star aus Deutschland und setzte seine Karriere in Hollywood fort.

1916: Der Spion; Der Weg des Todes; 1917: Das Rätsel von Bangalor; 1918: Colomba; Das Tagebuch einer Verlorenen; Furcht; Jettchen Gebert; Opfer der Gesellschaft; Peer Gynt; 1919: Anders als die Andern; Chopin; Das Cabinet des Dr. Caligari; Wahnsinn (auch Regie); Die Nacht auf Goldenhall (auch Regie); Die Reise um die Erde in 80 Tagen; Opium; Prinz Kuckuck; Satanas; Unheimliche Geschichten; Prostitution; 1920: Der Gang in die Nacht; Der Graf von Cagliostro; Der Januskopf; Der Reigen; Kurfürstendamm; Manolescus Memoiren; Weltbrand; 1921: Christian Wahnschaffe; Das indische Grabmal; Lady Hamilton; Landstraße und Großstadt; 1922: Lucrezia Borgia; 1923: Paganini; 1924: Nju; Schicksal; Das Wachsfigurenkabinett; 1925: Graf Kostja; Liebe macht blind; 1926: Die Brüder Schellenberg; Der Geiger von Florenz; Kreuzzug des Weibes; Der Student von Prag; 1928: Der Mann, der lacht / The Man Who Laughs. *Tonfilme:* 1930: Die letzte Kompanie; 1931: Der Kongreß tanzt; Der Mann, der den Mord beging; Die andere Seite; Die Nacht der Entscheidung; 1932: Rasputin; Der schwarze Husar; 1933: Ich und die Kaiserin; 1934: Wilhelm Tell; 1936: King of the Damned; 1937: Under the Red Robe; 1939: Spy in Black; Der Dieb von Bagdad / The Thief of Bagdad; 1941: Erpressung / A Woman's Face; 1942: Nazi Agent; 1943: Casablanca / Casablanca.

Paul Wegener

11. 12. 1874 in Briesen (Ostpreußen) – 13. 9. 1948 in Berlin. Schauspielunterricht in Leipzig, kam 1906 zu Max Reinhardt ans Deutsche Theater, Tourneen mit eigener Theatertruppe um die ganze Welt. Pionier des deutschen künstlerischen Films seit 1913, als Darsteller, Regisseur und Förderer gleichermaßen bedeutend.

1913: Der Verführte; Der Student von Prag (auch Regie); 1915: Der Golem (auch Regie); 1916: Rübezahls Hochzeit (auch Regie); Der Yoghi (auch Regie); 1917: Der Golem und die Tänzerin (auch Regie); 1918: Apokalypse; Der Rattenfänger von Hameln (auch Regie); Der Galeerensträfling; 1920: Der Golem, wie er in die Welt kam (auch Regie); Der verlorene Schatten; Nachtgestalten; Steuermann Holk; Sumurun; 1922: Das Weib des Pharao; Lucrezia Borgia; Monna Vanna; Vanina; 1923: SOS – Die Insel der Tränen; 1925: Lebende Buddhas (auch Regie); 1926: Der Dämon / The Magician; 1927: Svengali; Die Weber; 1927: Alraune; 1930: Fundvogel. *Tonfilme:* 1932: Unheimliche Geschichten; 1933: Hans Westmar; 1934: Ein Mann will nach Deutschland (Regie); 1935: Der Mann mit der Pranke; Nur ein Komödiant; 1936: August der Starke (Regie); Moskau – Shanghai (Regie); 1937: Unter Ausschluß der Öffentlichkeit (Regie); 1938: Stärker als Liebe; 1939: Das unsterbliche Herz; 1940: Das Mädchen von Fanö; Zwielicht; 1941: Mein Leben für Irland; 1942: Der große König; Diesel; Hochzeit auf Bärenhof; 1943: Wenn die Sonne wieder scheint (Flachsakker); Seinerzeit zu meiner Zeit; 1945: Kolberg; 1949: Der große Mandarin.

Grethe Weiser

27. 2. 1903 in Hannover – 2. 10. 1970 in Bad Tölz. Besuchte die höhere Töchterschule in Dresden und heiratete mit sechzehn, wurde Schauspielschülerin an der Berliner Volksbühne, Operettensoubrette, spielte Komödie und Kabarett am Kurfürstendamm. *Männer vor der Ehe* (1927) hieß ihr erster Stummfilm, und erst 1937 übernahm sie mit *Die göttliche Jette* ihre erste Hauptrolle. Dann mauserte sie sich zu einer der großen Komikerinnen des deutschen Films. Nach 1945 spielte sie Theater in Hamburg, u. a. die Mutter Wolffen in Hauptmanns »Biberpelz«, um dann bis tief in die sechziger Jahre hinein ihre dominierende Rolle im Nachkriegsfilm zu übernehmen. Sie starb bei einem Autounfall.

1927: Männer vor der Ehe; 1930: Kasernenzauber; 1933: Gretel zieht das große Los; 1935: Einer zuviel an Bord; Familie Schimek; Frischer Wind aus Kanada; Lady Windermeres Fächer; 1936: Alles für Veronika; Der Raub der Sabinerinnen; Eskapade; Hilde und die 4 PS; Männer vor der Ehe; Martha (Letzte Rose); 1937: Die göttliche Jette; Mädchen für alles; Meine Freundin Barbara; 1938: Unsere kleine Frau; Frauen für Golden Hill; 1939: Das Glück wohnt nebenan; Die Geliebte; Ehe in Dosen; Frau am Steuer; Hochzeitsreise zu dritt; Verdacht auf Ursula; 1940: Alles Schwindel; Polterabend; Wie konntest Du, Veronika; 1941: Krach im Vorderhaus; Oh diese Männer; 1942: Die große Liebe; 1943: Drei tolle Mädels; 1944: Der Meisterdetektiv; Die Frau meiner Träume; Familie Buchholz; Hundstage; Neigungsehe; 1945: Das alte Lied; 1949: Artistenblut; Die Freunde meiner Frau; Nichts als Zufälle; Tromba; Liebe 47; Einmaleins der Ehe; 1950: Gabriela; Taxi-Gattin; Wenn Männer schwindeln; Die Dritte von rechts; 1951: Fanfaren der Liebe; So ein Theater; 1952: Der Fürst von Pappenheim; Der keusche Lebemann; 1953: Der Vetter aus Dingsda; Damenwahl; Die Kaiserin von China; Der Onkel aus Amerika; Die Rose von Stambul; 1954: Keine Angst vor Schwiegermüttern; Die tolle Lola; Viktoria und ihr Husar; 1955: Der doppelte Ehemann; Ich und meine Schwiegersöhne; Meine Kinder und ich; Mein Leopold; Vatertag; 1957: Tante Wanda aus Uganda; Die Beine von Dolores; Lemkes sel. Witwe; 1958: Der Haustyrann; 1961: Ach Egon!; 1963: Ferien vom Ich; 1964: Liebesgrüße aus Tirol.

Ilse Werner

11. 7. 1918 in Batavia, Java (eigentlich Ilse Charlotte Still). Schauspielunterricht am Reinhardt-Seminar in Wien. Dort und in Salzburg erste Bühnenauftritte. Von Geza von Bolvary in *Die unruhigen Mädchen* (1938) fürs Kino entdeckt. Topstar der vierziger Jahre. Nach 1950 nur noch wenig Filmarbeit. 1954 Heirat mit dem Komponisten Josef Niessen.

1938: Die unruhigen Mädchen; Das Leben kann so schön sein; Frau Sixta; 1939: Bel Ami; Drei Väter um Anna; Ihr erstes Erlebnis; Fräulein; 1940: Bal Paré; Wunschkonzert; 1941: Die schwedische Nachtigall; U-Boote westwärts; 1942: Hochzeit auf Bärenhof; Wir machen Musik; 1943: Münchhausen; 1944: Große Freiheit Nr. 7; 1945: Das seltsame Fräulein Sylvia (unvollendet); Ein toller Tag (unvollendet); 1950: Epilog; Gute Nacht, Mary; 1951: Mutter sein dagegen sehr; Königin einer Nacht; 1953: Der Vogelhändler; 1954: Ännchen von Tharau; 1955: Griff nach den Sternen; Die Herrin vom Sölderhof.

Paula Wessely

20. 1. 1908 in Wien. Ausbildung am Reinhardt-Seminar, Wien. Begann ihre Bühnenkarriere 1924 am Volkstheater; es folgten als weitere Stationen Prag, wieder Wien und Berlin, ehe sie ab 1953 für immer ins Ensemble des Burgtheaters aufgenommen wurde. Erster rauschender Erfolg als Luise Millerin in »Kabale und Liebe« bei den Salzburger Festspielen 1930. Stand dem Film zuerst ablehnend gegenüber, ehe sie von Willi Forst entdeckt wurde. Spielte dann an der Seite von Gründgens, Forster, Birgel und Attila Hörbiger, den sie auch 1935 heiratete. 1961 zog sie sich ganz vom Film zurück, um nur noch den Schnitzler- und Ibsen-Figuren auf der Bühne zu huldigen. Hat drei Töchter (Elisabeth Orth, Christiane und Maresa Hörbiger), lebt heute in Grinzing und gilt als »Urmutter« des Hörbiger-Clans.

1934: Maskerade; So endete eine Liebe; 1935: Episode; 1936: Die Julika; 1937: Die ganz großen Torheiten; 1938: Spiegel des Lebens; 1939: Maria Ilona; 1940: Ein Leben lang; 1941: Heimkehr; 1943: Die kluge Marianne; Späte Liebe; 1944: Das Herz muß schweigen; 1948: Der Engel mit der Posaune; 1949: Vagabunden der Liebe; 1950: Cordula; 1951: Maria Theresia; 1953: Ich und meine Frau; 1954: Weg in die Vergangenheit; 1955: Die Wirtin zur goldenen Krone; Anders als du und ich; Noch minderjährig; 1958: Die unvollkommene Ehe; 1961: Jedermann; Der Bauer als Millionär.

Adolf Wohlbrück

19. 11. 1900 in Wien – 9. 8. 1967 Garatshausen/Starnberger See. Sohn einer berühmten deutschen Theaterfamilie, Ausbildung bei Max Reinhardt in Wien, emigrierte 1936 nach Hollywood und England, wo er die englische Staatsbürgerschaft annahm und sich Anton Walbrook nannte. Ab 1951 wieder an deutschen Theatern und im internationalen Film tätig.

1925: Der Fluch der bösen Tat; 1931: Salto Mortale; Der Stolz der 3. Kompanie; 1932: Drei von der Stempelstelle; Melodie der Liebe; Baby; 1933: Walzerkrieg; Viktor und Viktoria; Keine Angst vor Liebe; 1934: Die englische Heirat; Die vertauschte Braut; Eine Frau, die weiß, was sie will; Maskerade; Regine; 1935: Der Student von Prag; Ich war Jack Mortimer; Zigeunerbaron; 1936: Allotria; Der Kurier des Zaren; Port Arthur; 1937: Königin Viktoria / Victoria the Great; Die Ratte / The Rat; 1940: Gaslicht / Gaslight; 1943: Der Mann aus Marokko / The Man from Morocco; 1948: Die roten Schuhe / The Red Shoes; 1950: König für eine Nacht; Pique Dame / The Queen of Spades; 1951: Wiener Walzer; 1954: Der Fall Maurizius / L'affaire Maurizius; 1955: Fledermaus / Oh, Rosalinda!; Lola Montèz / Lola Montes; 1957: Die heilige Johanna / Saint Joan.

Sonja Ziemann

8. 2. 1926 in Eichenwalde bei Berlin (eigentlich Alice Toni Selma Ziemann). Ballett- und Tanzausbildung in Berlin, Filmdebüt 1942, daneben Kabarett und Theaterauftritte, später auch Fernsehen. Seit Mitte der 60er Jahre nur noch selten beim Film. Ab 1981 am Zürcher Schauspielhaus. Bis 1969, in zweiter Ehe, verheiratet mit dem polnischen Schriftsteller Marek Hlasko. Lebt in St. Moritz.

1942: Ein Windstoß; 1943: Die Jungfern vom Bischofsberg; Geliebter Schatz; 1944: Eine kleine Sommermelodie; Freunde; Hundstage; 1945: Eine reizende Familie; Liebe nach Noten; Spuk im Schloß; 1946: Sag die Wahrheit; 1948: Herzkönig; Wege im Zwielicht; 1949: Die Freunde meiner Frau; Nichts als Zufälle; Um eine Nasenlänge; Nach Regen scheint Sonne; 1950: Die lustigen Weiber von Windsor; Maharadscha wider Willen; Schwarzwaldmädel; 1951: Die Frauen des Herrn S.; Grün ist die Heide; 1952: Die Diebin von Bagdad; Alle kann ich nicht heiraten; 1953: Mit siebzehn beginnt das Leben; Die Privatsekretärin; Bei dir war es immer so schön; 1954: Meine Schwester und ich; Der Zarewitsch; 1955: Das Bad auf der Tenne; Liebe ohne Illusion; 1956: Ich war ein häßliches Mädchen; Dany, bitte schreiben Sie; Opernball; Kaiserball; 1957: Die Zürcher Verlobung; Tabarin; 1958: Hunde, wollt ihr ewig leben; 1959: Abschied von den Wolken; Liebe auf krummen Beinen; 1960: Affäre Nabob / Au voleur; Geheime Wege / The Secret Ways; 1961: Verpfiffen / Matter of Who; Der Traum von Lieschen Müller; Ihr schönster Tag; 1964: Frühstück mit dem Tod; 1965: 2 × 2 im Himmelbett; 1969: Die Brücke von Remagen / The Bridge at Remagen; 1970: De Sade / Das ausschweifende Leben des Marquis de Sade.